MITTEILUNGEN DER GRUPPE UTSCHER KOLONIALWIRTSCHAFTLICHER UNTERNEHMUNGEN

7. BAND

KARTENMAPPE ZU

Georg Bürg

Die nutzbaren Minerallagerstätten von Deutsch-Südwestafrika

VERLAG WALTER DE GRUYTER & CO. BERLIN W 35

1942

12°
Kunene-Fluß
18°
19°
20°
21°
22°
23°
ATLANTISCHER-
OZEAN

14°
15°
Karib
Swakopmund

16°
17°
18°
Etoscha-Pfanne
Tsumeb
Grootfontein
Otavi
Outjo
Okahandja
Windhuk

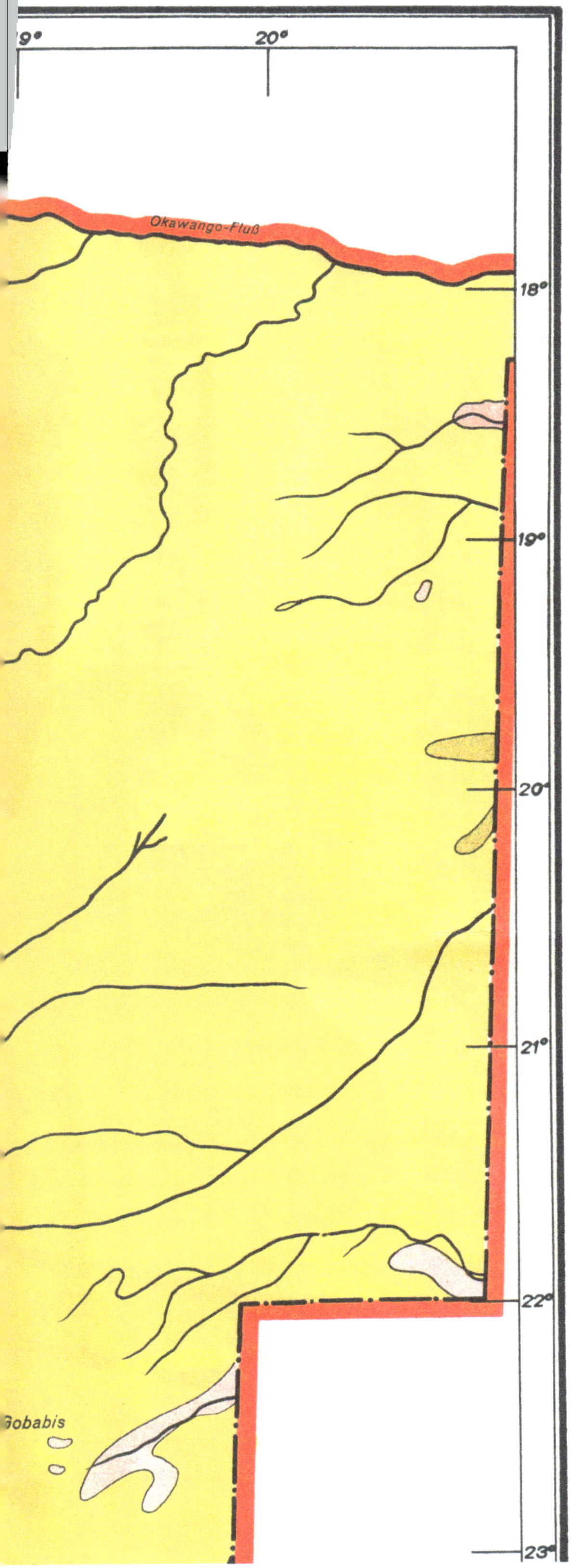

19°
20°
Okawango-Fluß
18°
19°
20°
21°
22°
23°
Gobabis

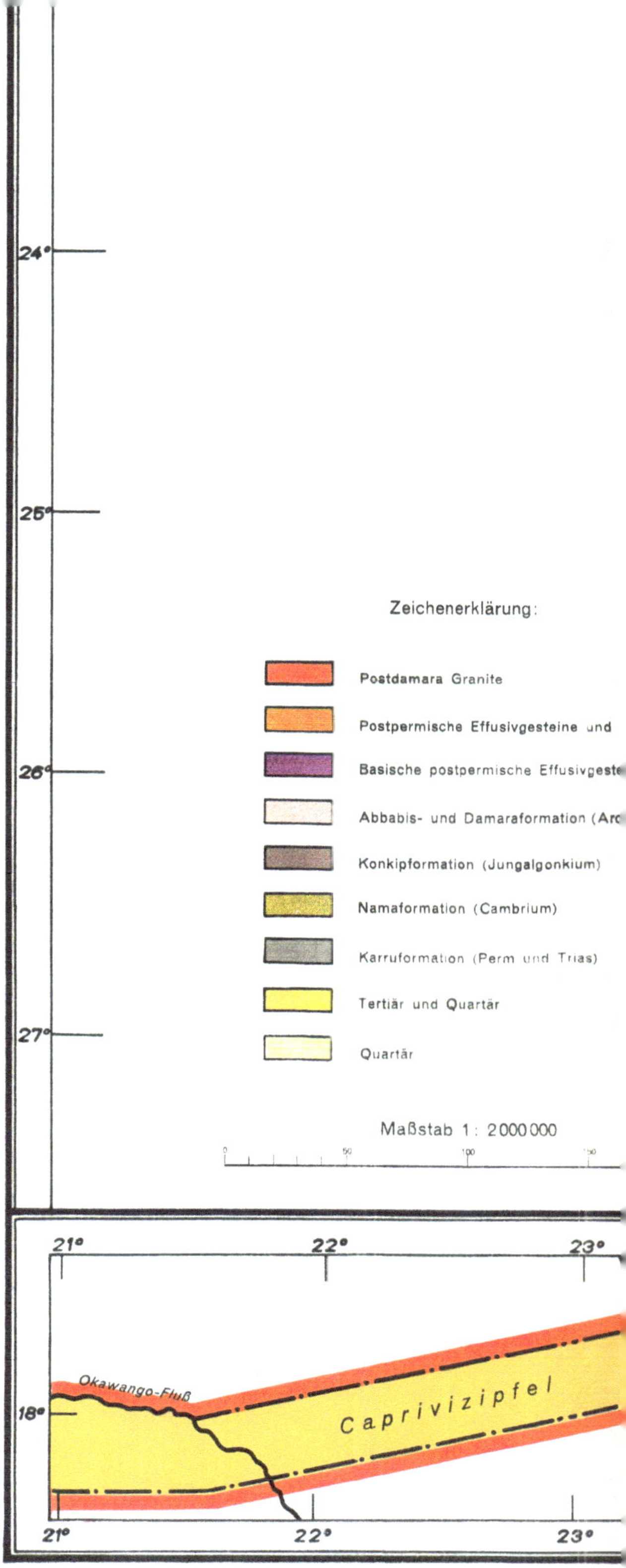

Verlag Walter de Gruyter & Co., Berlin W 35
Deko Vil zu Bürg, Minerallagerstätten von Deutsch-Südwestafrika
Hergestellt im Reichsamt für Landesaufnahme Berlin 1941

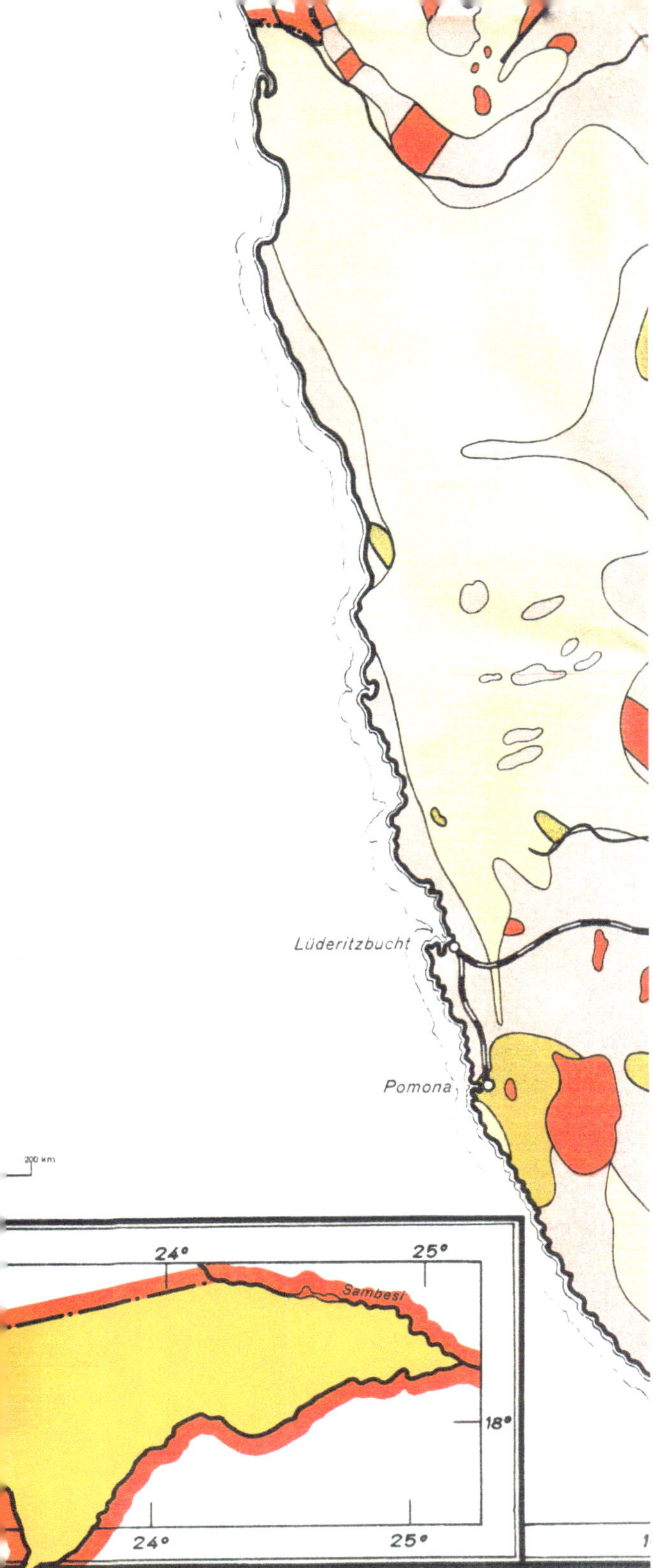

GEOLOGISCHE KARTE VON

BEARBEITET NA

DEUTSCH-SÜDWESTAFRIKA

CH W. SCHRIEL

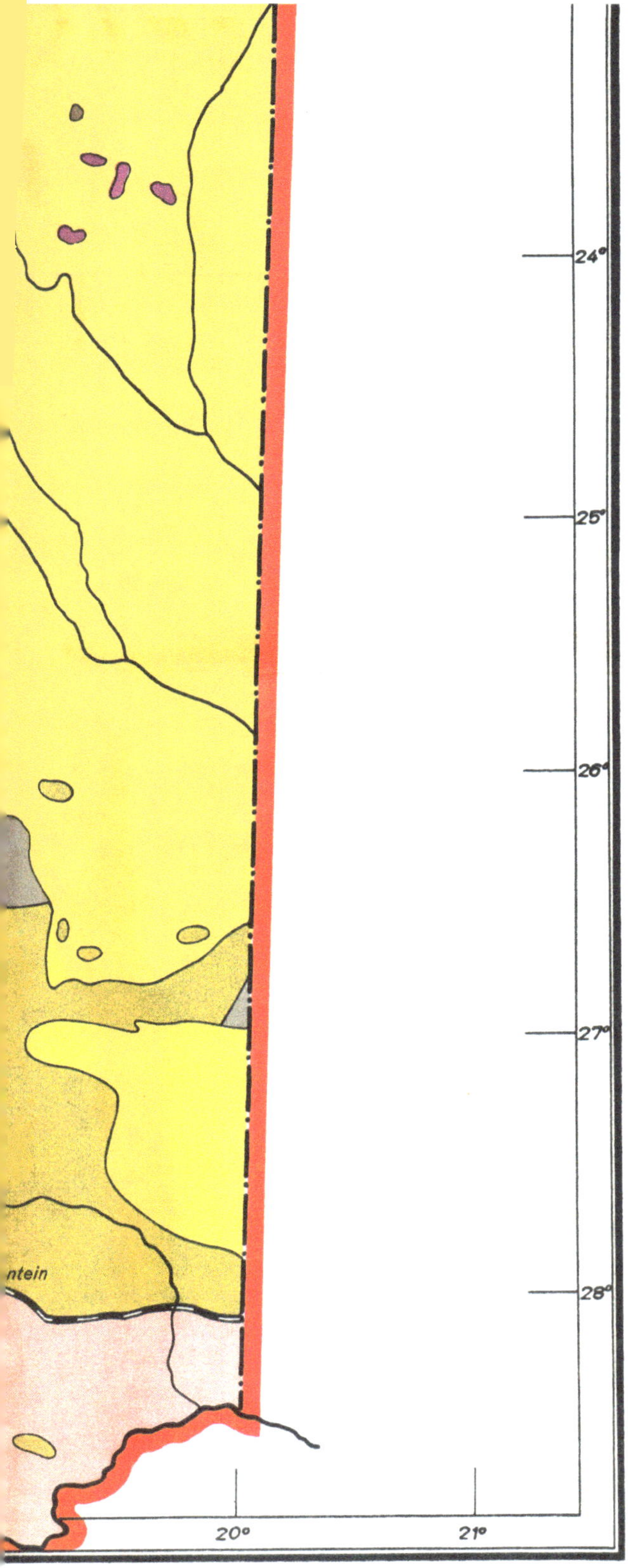
24°
25°
26°
27°
28°
ntein
20°
21°

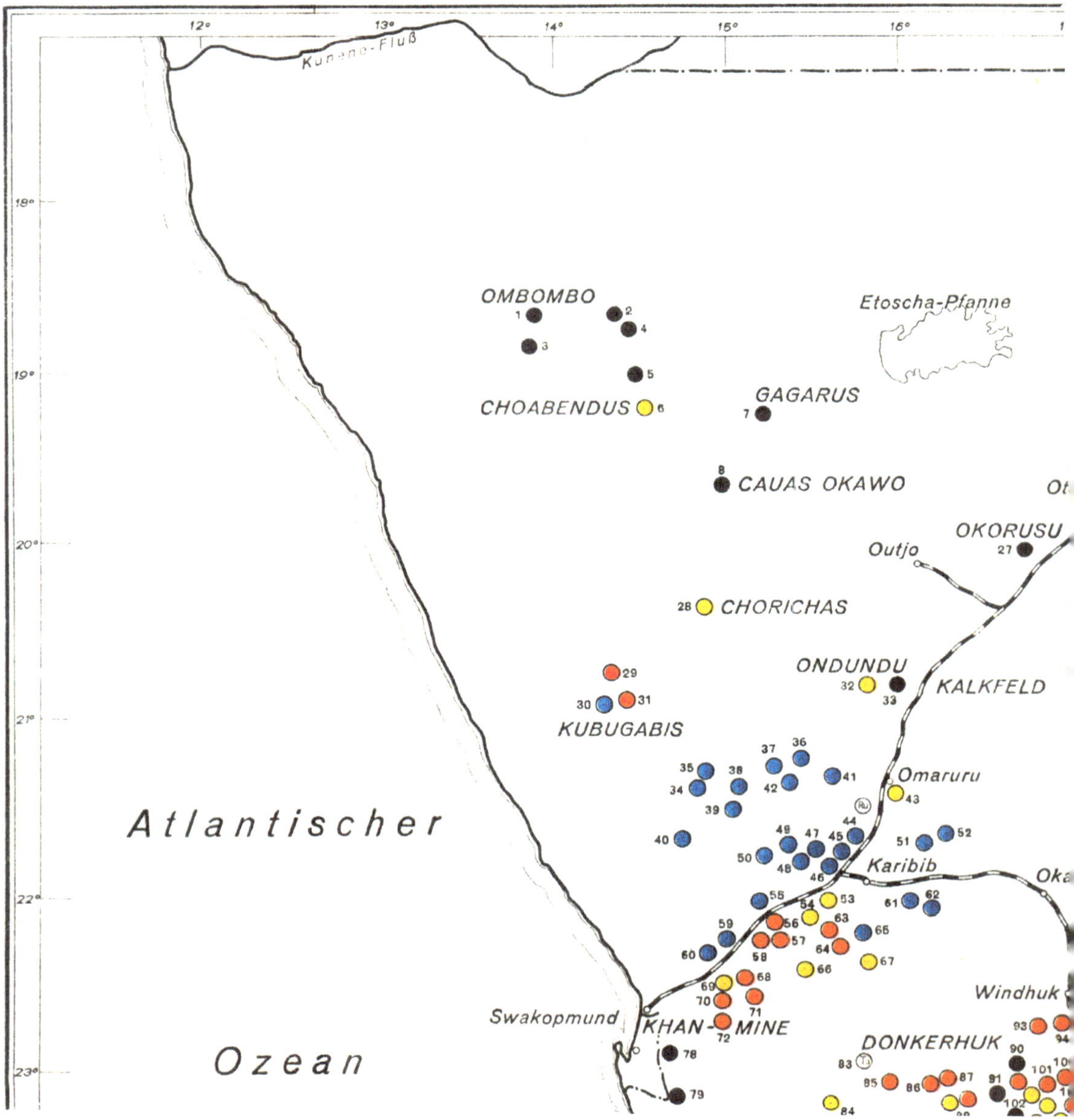
12°
13°
14°
15°
16°
Kunene-Fluß
18°
19°
20°
21°
22°
23°
OMBOMBO
Etoscha-Pfanne
CHOABENDUS
GAGARUS
CAUAS OKAWO
OKORUSU
Outjo
CHORICHAS
ONDUNDU
KALKFELD
KUBUGABIS
Omaruru
Atlantischer
Ozean
Karibib
Swakopmund
KHAN-MINE
Windhuk
DONKERHUK

Tafel II

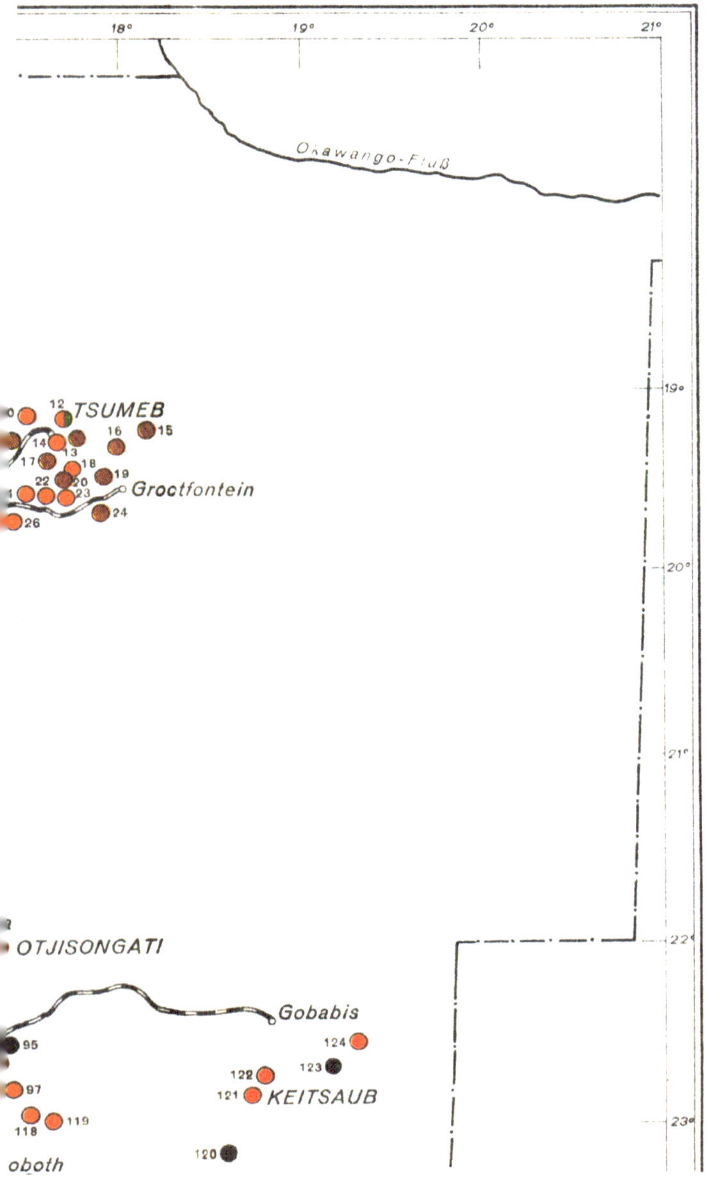

Ortsregister zu Tafel II

1. Ombombo
2. Okatjuru
3. Klein Kudais
4. Otjitjetua
5. Otjikavare
6. Choabendus
7. Gagarus
8. Cauas Okawo
9. Uris
10. Bobos
11. Karavatu
12. Tsumeb
13. Tsumeb Kest
14. „
15. Abenab
16. Olifantsfontein
17. Gauss
18. –
19. Berg Aukas
20. Uitsab
21. Nageib
22. Asis
23. Guchab
24. Uitkomst
25. Otavi
26. Groß Otavi
27. Okorusu
28. Chorichas
29. Dinab
30. Kubugabis
31. Doros
32. Ondundu
33. Kalkfeld
34. Plögers Schurf
35. Uis
36. Kohero
37. Paukwab
38. Tsomtsaub
39. Aubinhonis
40. Lewater
41. Etendero
42. Okombahe

83. Donkerhuk
84. Goagos
85. Donkersand
86. Swartmodder
87. Eisgaubib
88. Natas Mine
89. Gamsberg
90. Gurumanas
91. Nareis
92. –
93. Matchiess-Mine
94. Krumhuk
95. Hohewarte
96. „
97. Elisenhöhe
98. Lichtenstein
99. Nauas
100. Oamites
101. Duruchaus
102. Spitzköpfe
103. Geikopf
104. Rehoboth
105. Neuras
106. Areb
107. Auchas
108. Schwarzfontein
109. Nauchas
110. Koireb
111. Kabiras
112. Onatis
113. Klein Aub
114. Gosorobis
115. Campels Aub
116. Tsumis
117. Girib
118. Ibenstein
119. Dordabis
120. Kanabis
121. Keitsaub
122. Nabatsaub
123. Tsachas
124. Oas

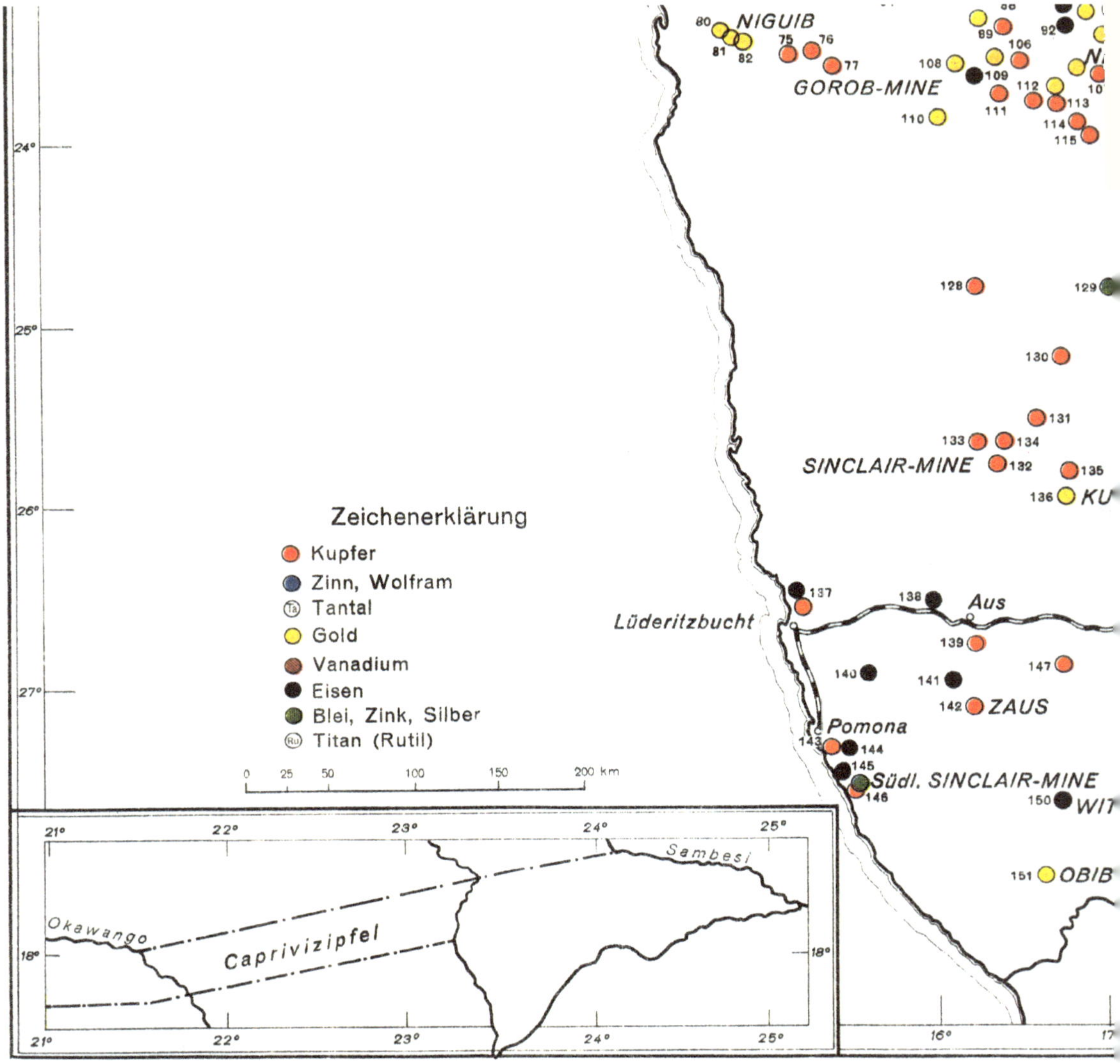

DIE MINERALLAGERSTÄTTEN DEUTSC

(ERZE)

Verlag Walter de Gruyter & Co., Berlin W 35
Deke VII zu Bürg, Minerallagerstätten von Deutsch-Südwestafrika
Hergestellt im Reichsamt für Landesaufnahme, Berlin 1941

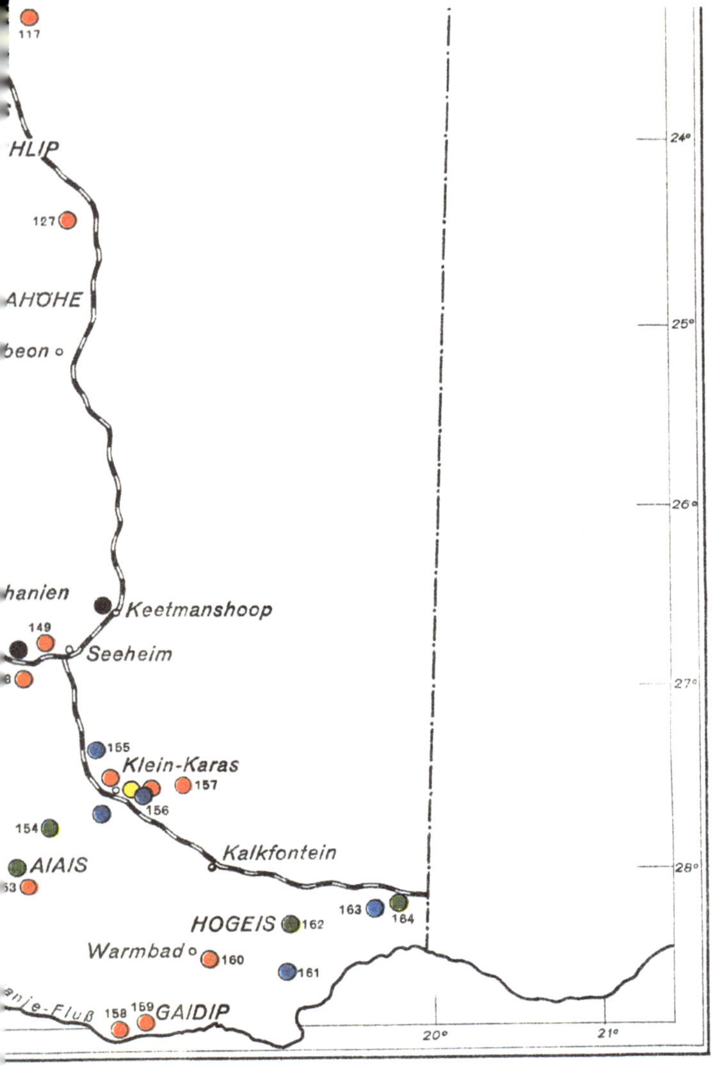

43. Omarurukop
44. Kanona
45. Erongo
46. Onguati
47. Chatpütz
48. Ameib
49. Kudubis
50. Sandamap
51. Otjimbojo
52. Iries Schurf
53. Nawachab
54. Ehlers Mine
55. Ebony
56. Ebony
57. Ubib-Mine
58. Palgrave Mine
59. Stiepelmann's Schurf
60. Arandis
61. Albrecht's Schurf
62. " "
63. Mubib
64. Henderson Mine
65. Trekkopje
66. Sphinx Mine
67. Pot Mine
68. Kubas
69. –
70. Khan Mine
71. Pforte
72. Hussab
73. Otjisongati
74.
75. Hope Mine
76. Naramas
77. Gorob Mine
78. Walfischbucht
79. Rooibank
80. Niguib
81. Arechananis
82. Aussinananis
125. Schlip
126. Schlipmündung
127. Nauchab
128. Swartmodder
129. Maltahöhe
130. Kleinfontein
131. Blutpütz
132. Nördl. Sinclair-Mine
133. Haremub
134. Ginas
135. Witmannshaar
136. Kunjas
137. Lüderitzbucht
138. Garub
139. Aus
140. Kaukausib
141. Kuckaus
142. Zaus
143. Pomona
144. –
145. Buntfeldschuh
146. Südl. Sinclair-Mine
147. Tschachanabis
148. Feldschuhhorn
149. Seeheim
150. Witpütz
151. Obib
152. Aiais
153. Kochas
154. Kanibes
155. Tsawisis
156. Klein Karas
157. Grabwasser
158. Hackiesdorn
159. Gaidip
160. Warmbad
161. Veloor
162. Ariams
163. Hogeis
164. Blydeverwacht

ÜDWESTAFRIKAS

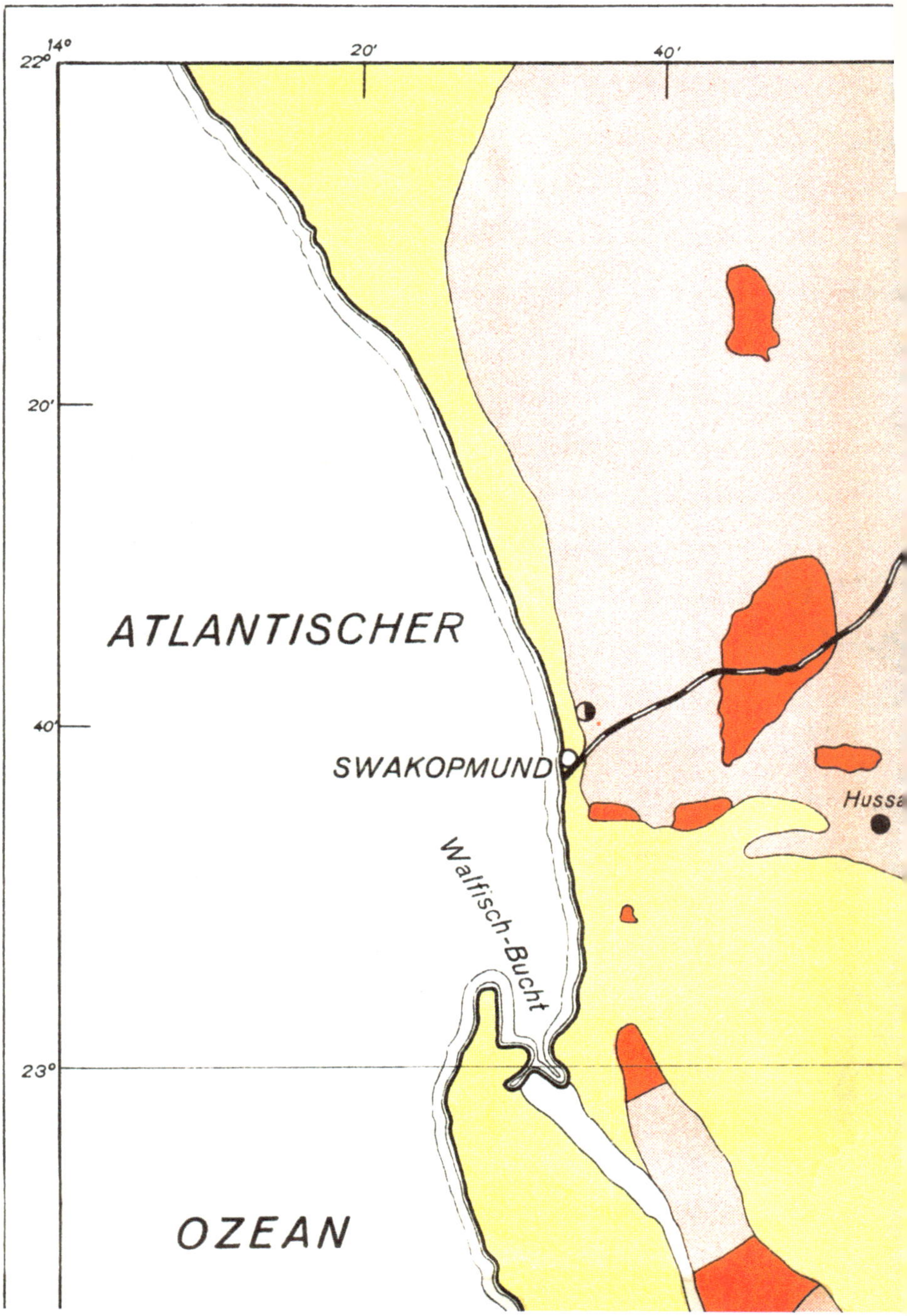
14°
22°
20'
40'
20'
40'
23°
ATLANTISCHER
SWAKOPMUND
Walfisch-Bucht
OZEAN

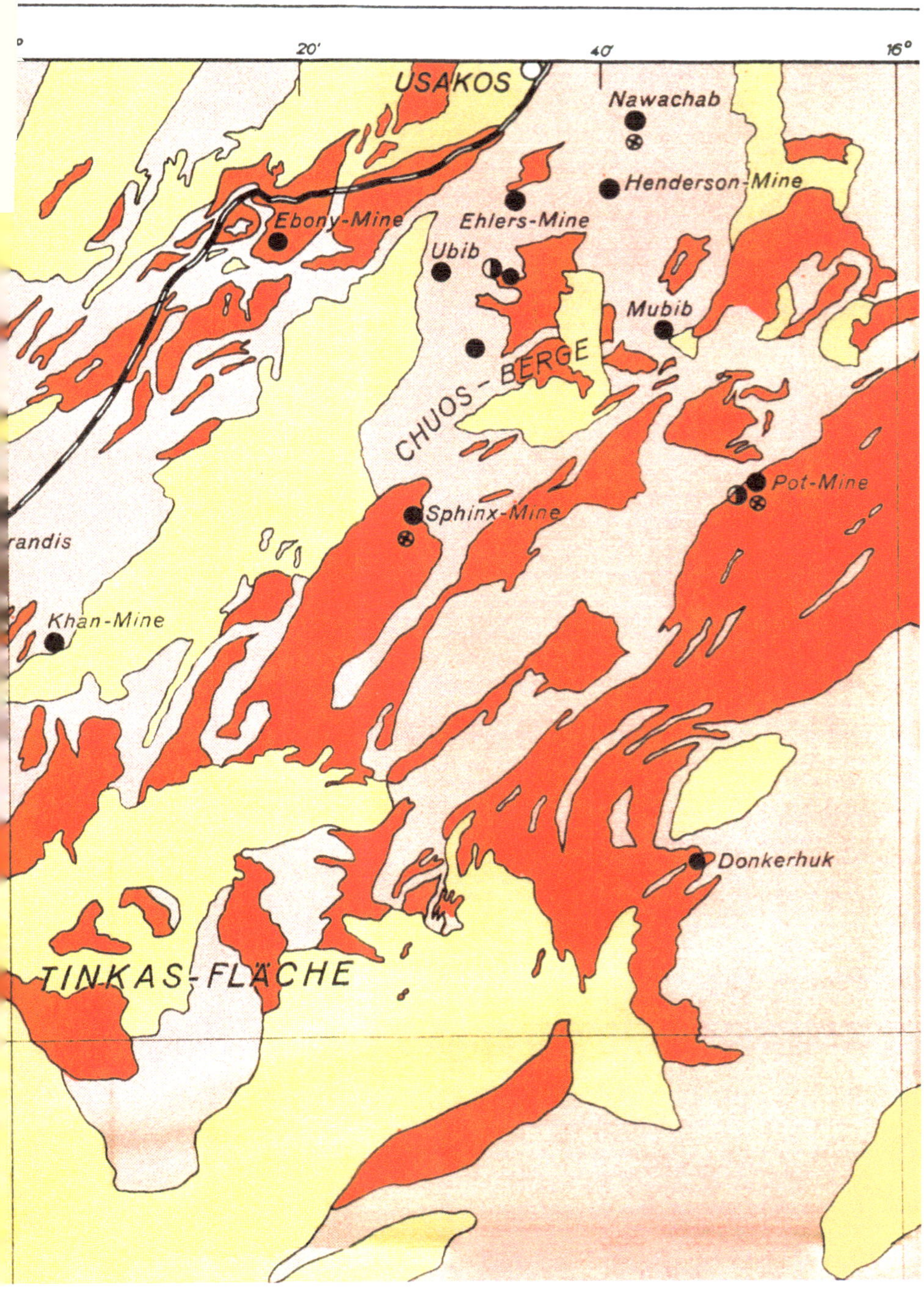
20'
40'
16°
USAKOS
Nawachab
Henderson-Mine
Ebony-Mine
Ehlers-Mine
Ubib
Mubib
CHUOS-BERGE
Pot-Mine
Sphinx-Mine
randis
Khan-Mine
Donkerhuk
TINKAS-FLÄCHE

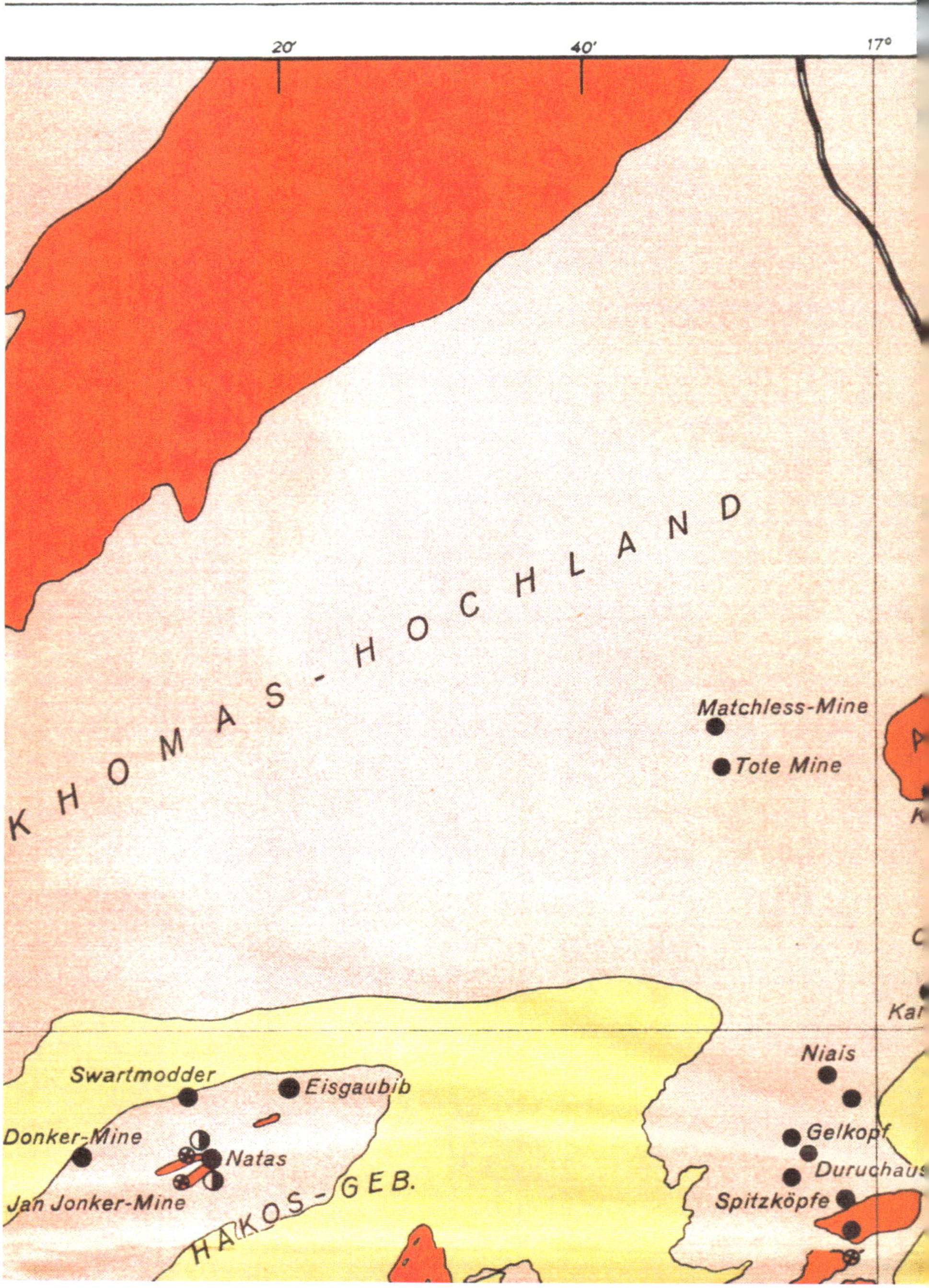
20'
40'
17°
KHOMAS-HOCHLAND
Matchless-Mine
Tote Mine
Niais
Swartmodder
Eisgaubib
Donker-Mine
Natas
Jan Jonker-Mine
HAKOS-GEB.
Gelkopf
Spitzköpfe

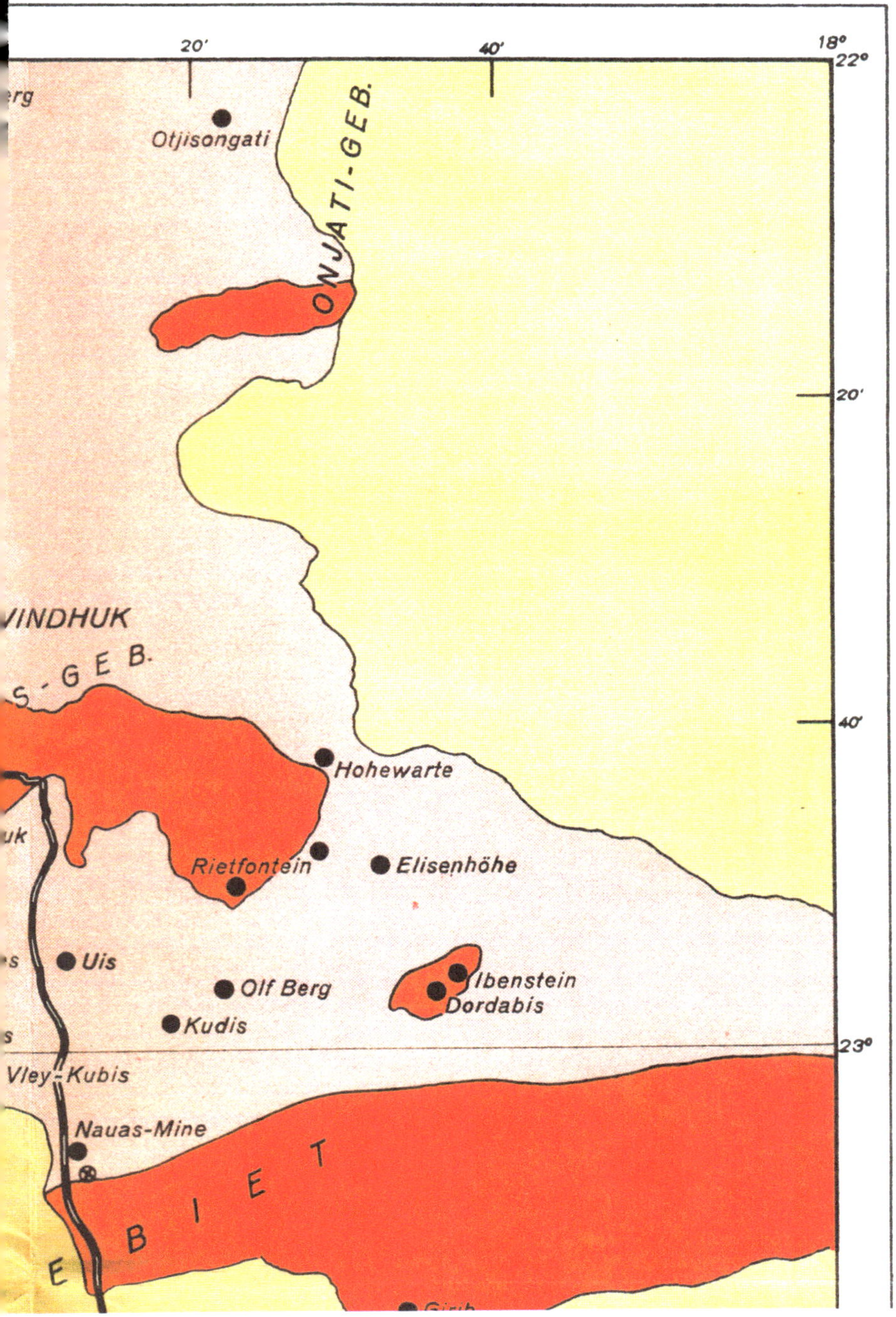
20'
40'
18°
22°
20'
40'
23°
Otjisongati
ONJATI-GEB.
VINDHUK
S-GEB.
Hohewarte
Rietfontein
Elisenhöhe
Uis
Olf Berg
Kudis
Ibenstein
Dordabis
Vley-Kubis
Nauas-Mine
E B I E T

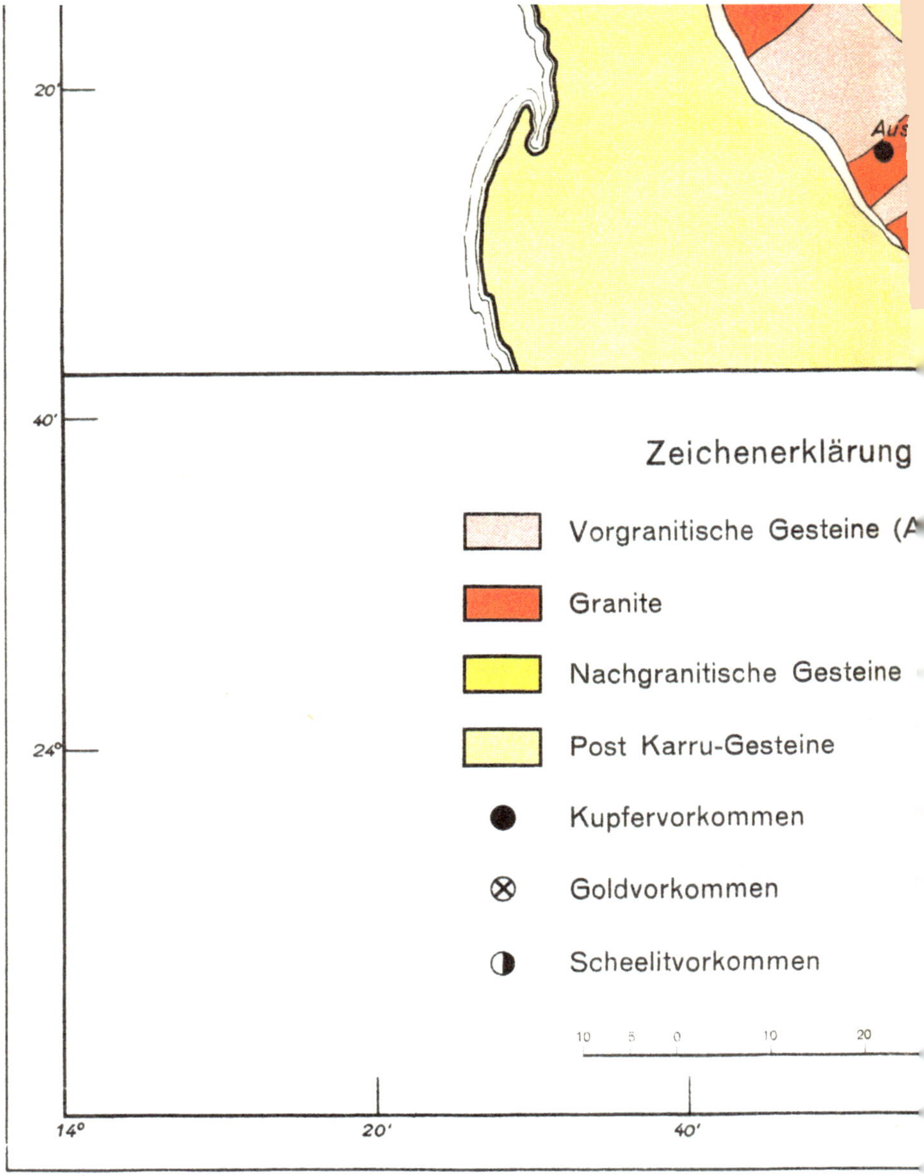

Verlag Walter de Gruyter & Co., Berlin W 35
Deko VII zu Burg. Minerallagerstätten von Deutsch-Südwestafrika
Hergestellt im Reichsamt für Landesaufnahme, Berlin 1941

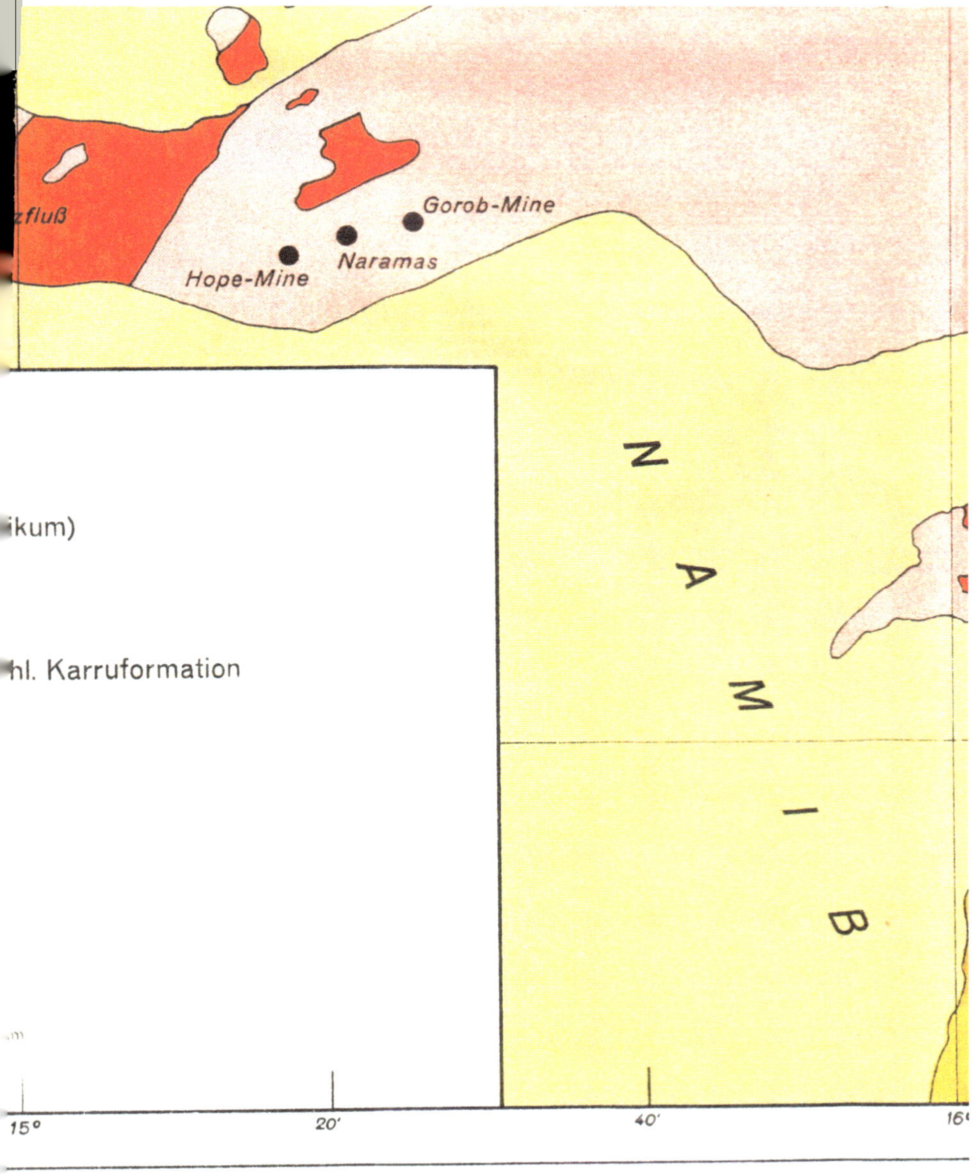

DIE KUPFER-, GOLD- UND SCHEELITVORKOM

MEN VON MITTEL-DEUTSCH-SÜDWESTAFRIKA

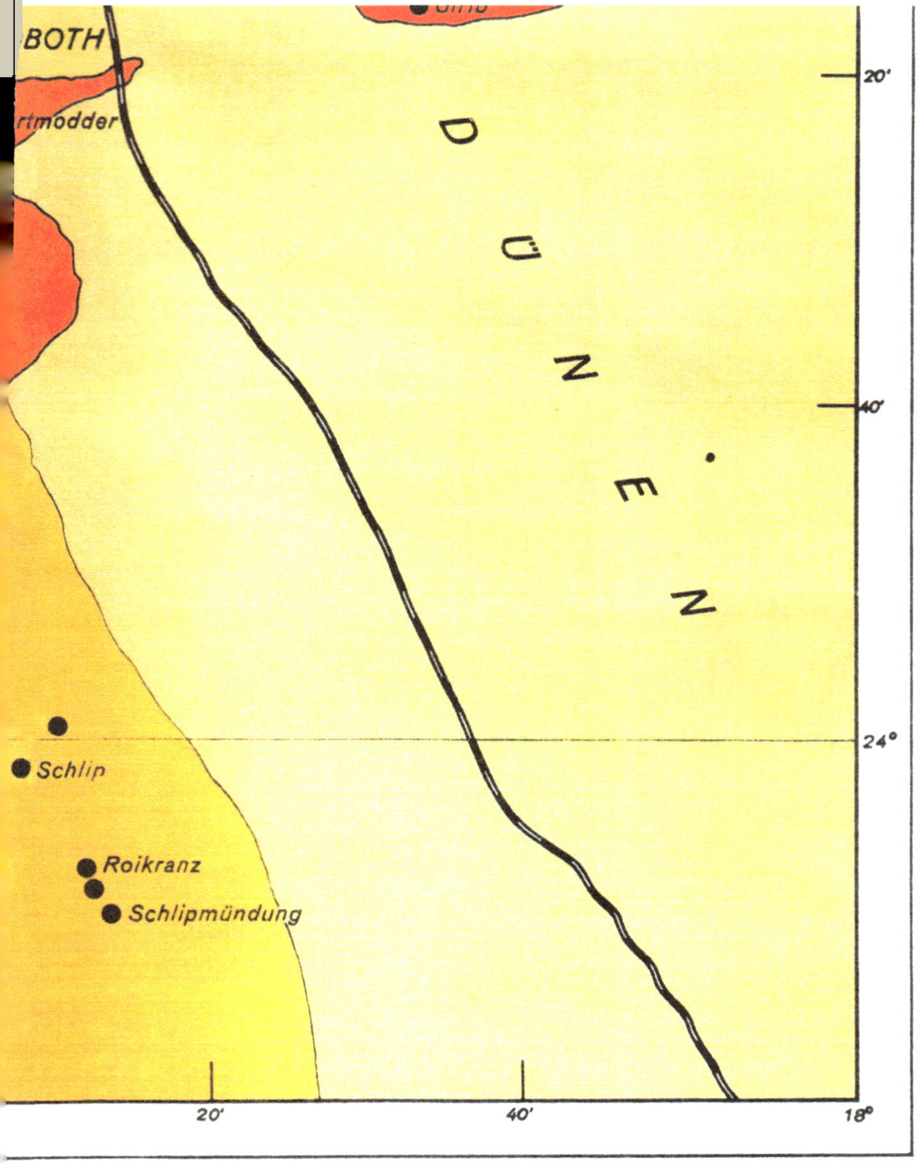

BOTH
rtmodder
D Ü N E N
20'
40'
24°
Schlip
Roikranz
Schlipmündung
20'
40'
18°

21°
BRANDBERG
Ploeger's-Sch

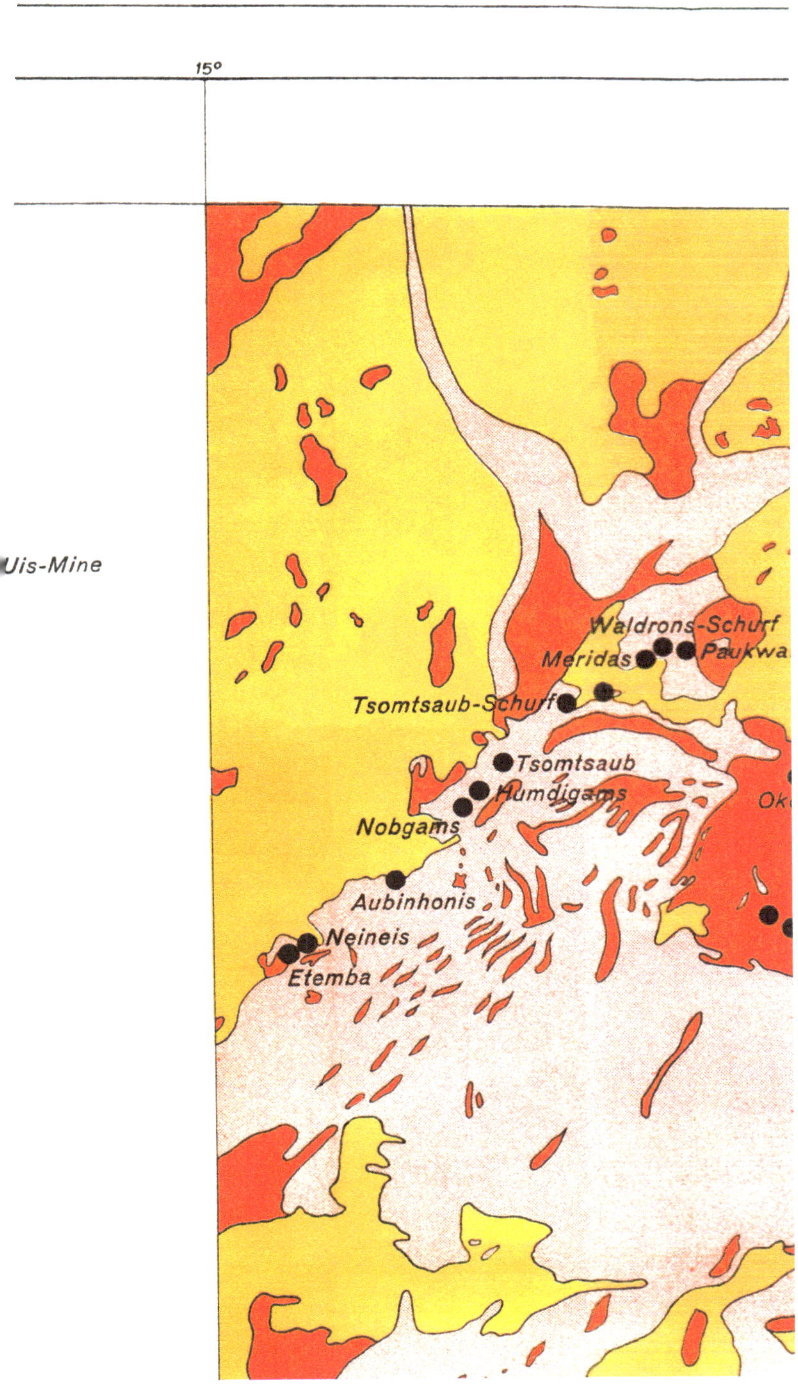
15°
Uis-Mine
Waldrons-Schurf
Meridas
Paukwa
Tsomtsaub-Schurf
Tsomtsaub
Humdigams
Nobgams
Aubinhonis
Neineis
Etemba

Oosthuizen's-Schurf
Müllers-Schurf
Thelma-Mine
Nareis
Kohero-Mine
Kristall-Mine
Goldfuß-Schurf
Okarundu
Otjompaje
Wolfsbank
Kranzberg
ERONGO

Tafel IV

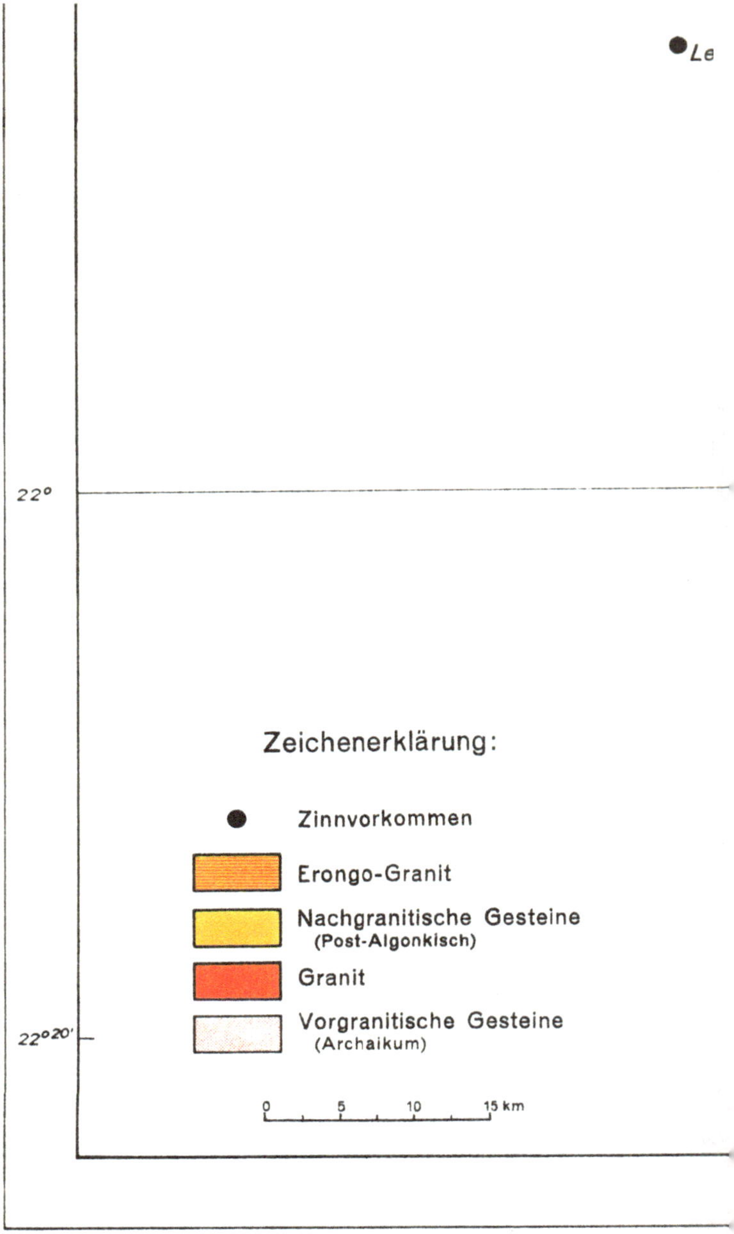

Verlag Walter de Gruyter & Co., Berlin W 35
Deko VII zu Bürg, Minerallagerstätten von Deutsch-Südwestafrika
Hergestellt im Reichsamt für Landesaufnahme, Berlin 1941

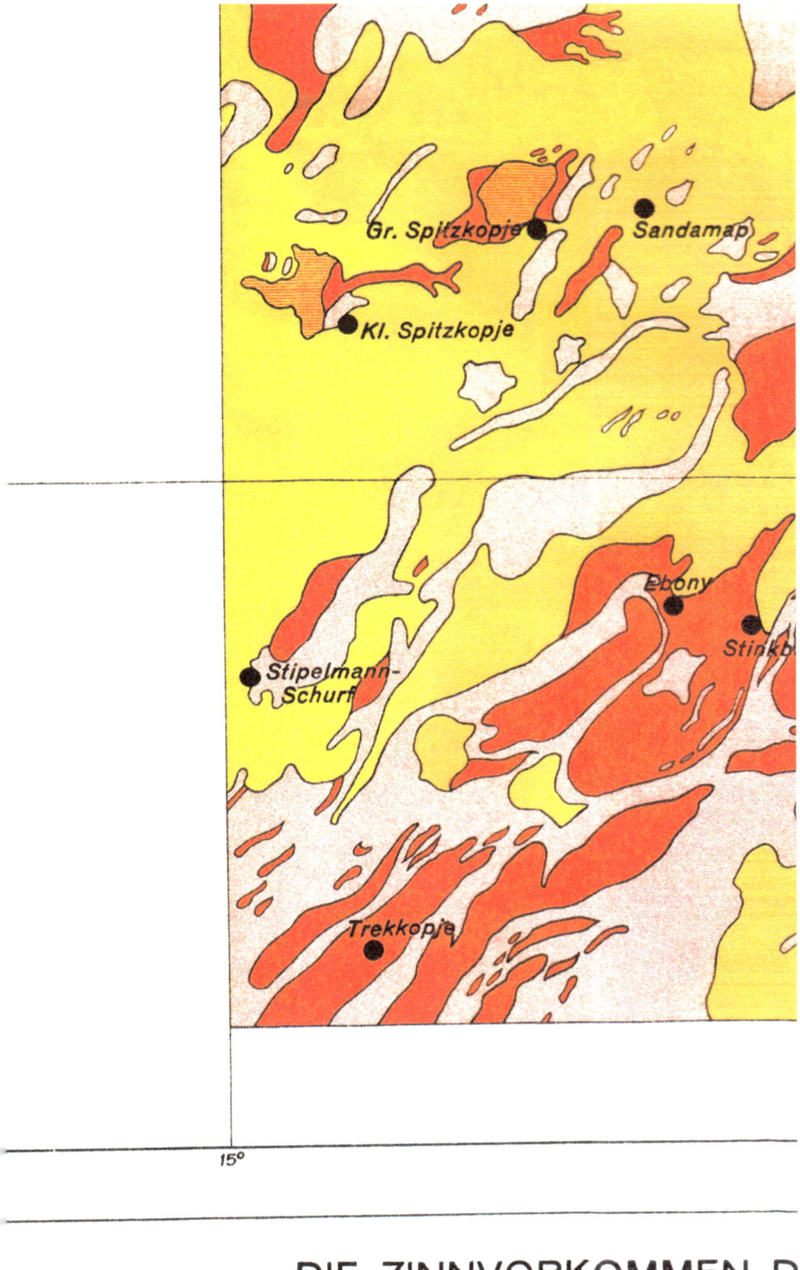

DIE ZINNVORKOMMEN D

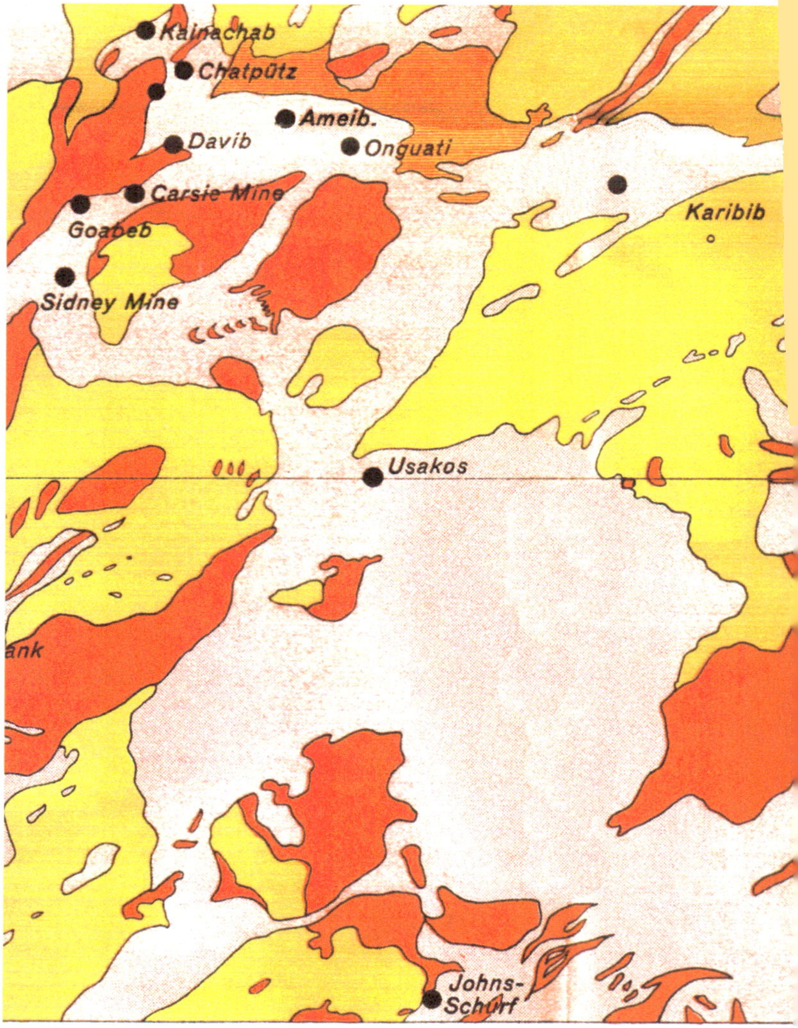

ES NW-DAMARALANDES

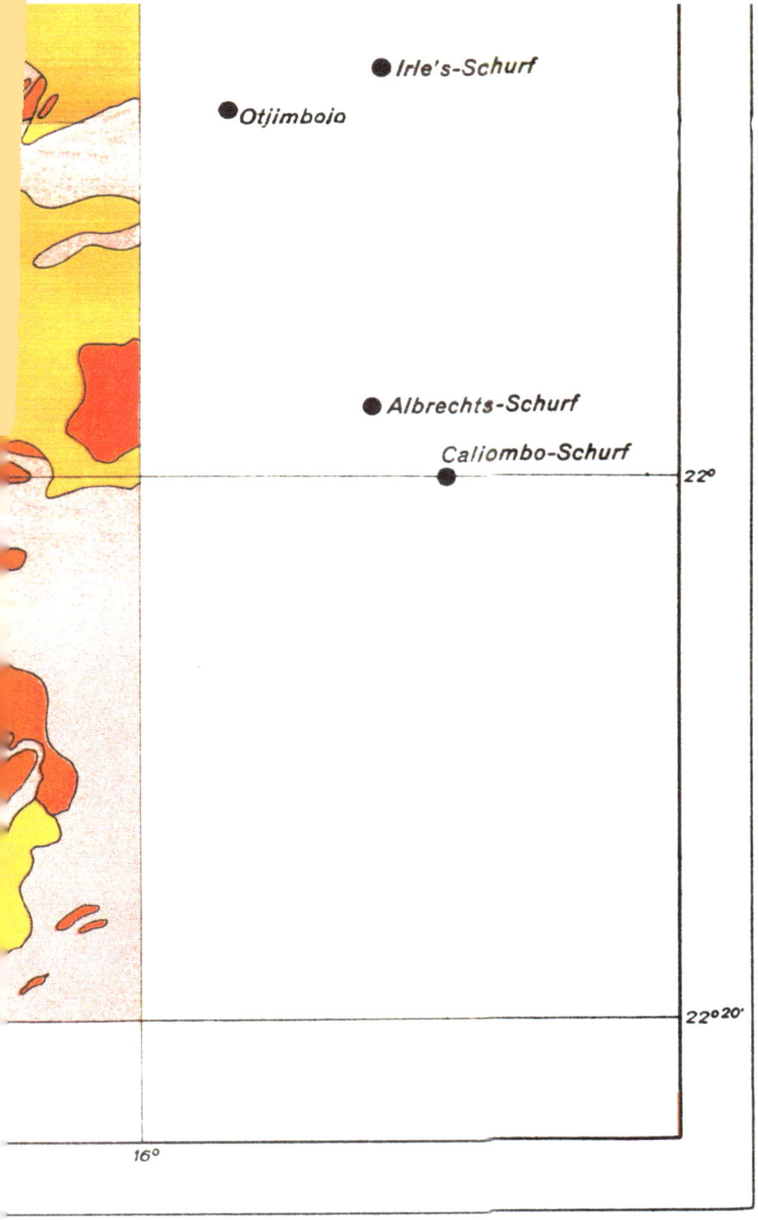
Irle's-Schurf
Otjimbojo
Albrechts-Schurf
Caliombo-Schurf
22°
22°20'
16°

Tafel V

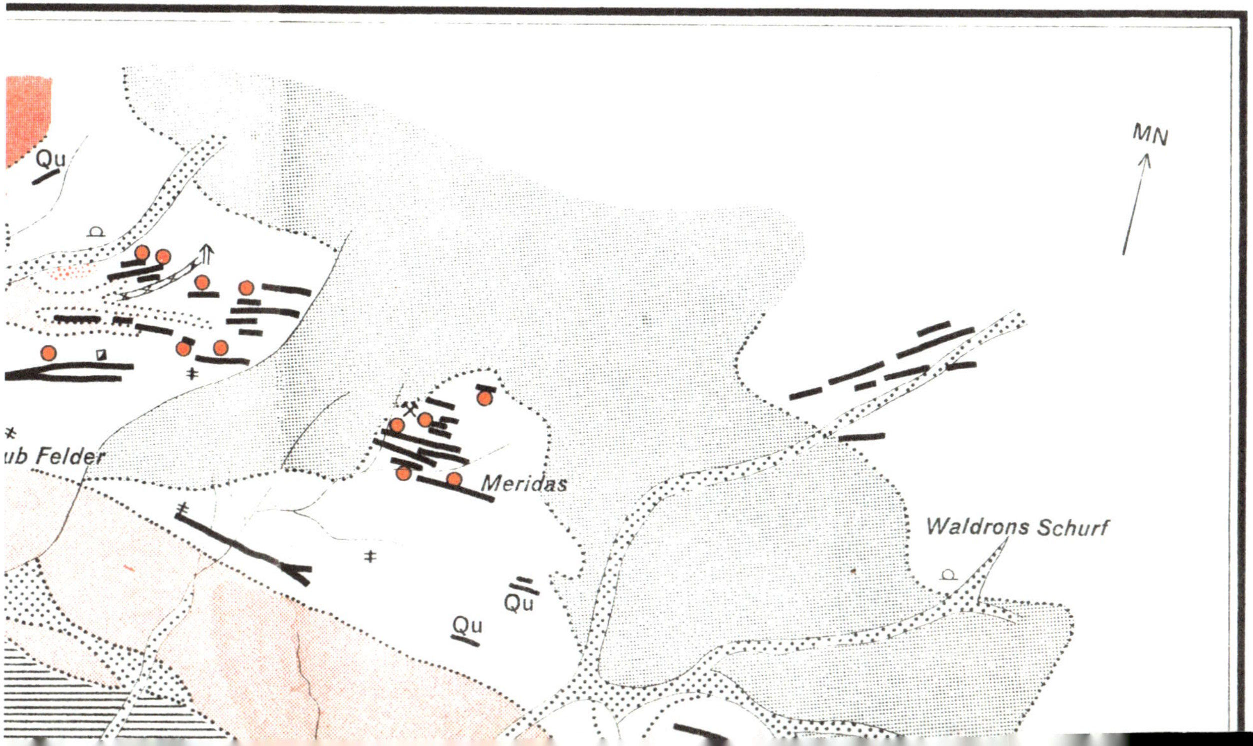

Narutsaub

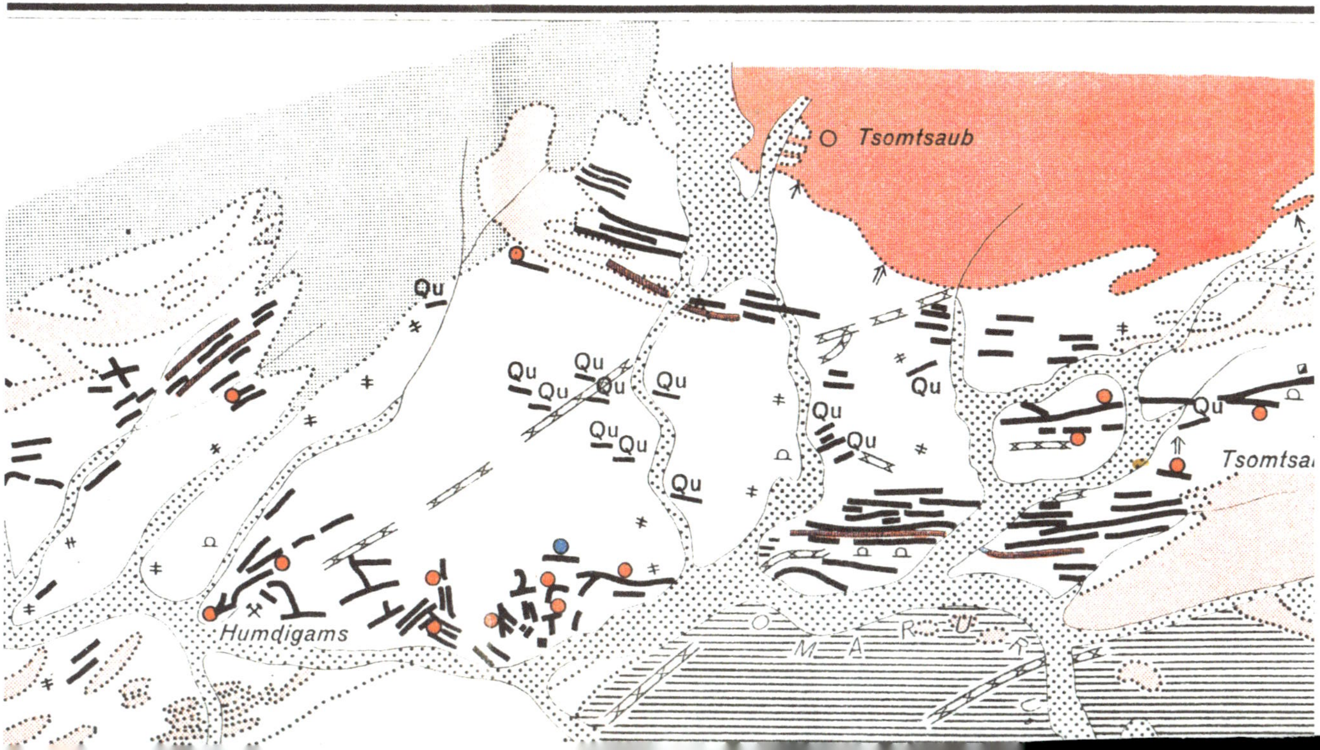

Tsomtsaub
Tsomtsa
Humdigams
O M A R U R U
Qu

D I S T R I K T

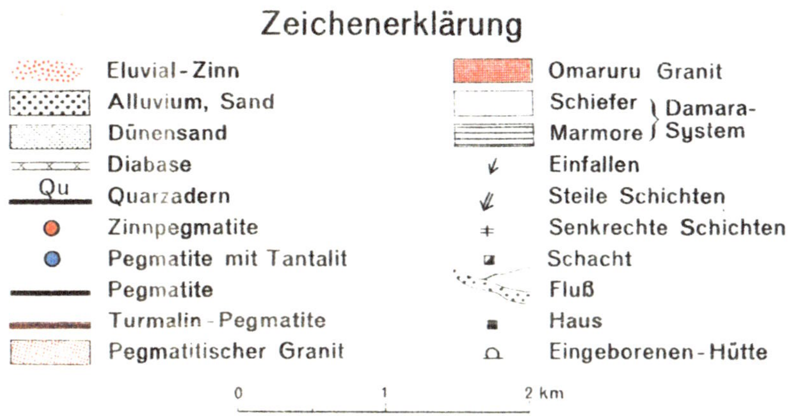

NNVORKOMMEN

ERS u. A.

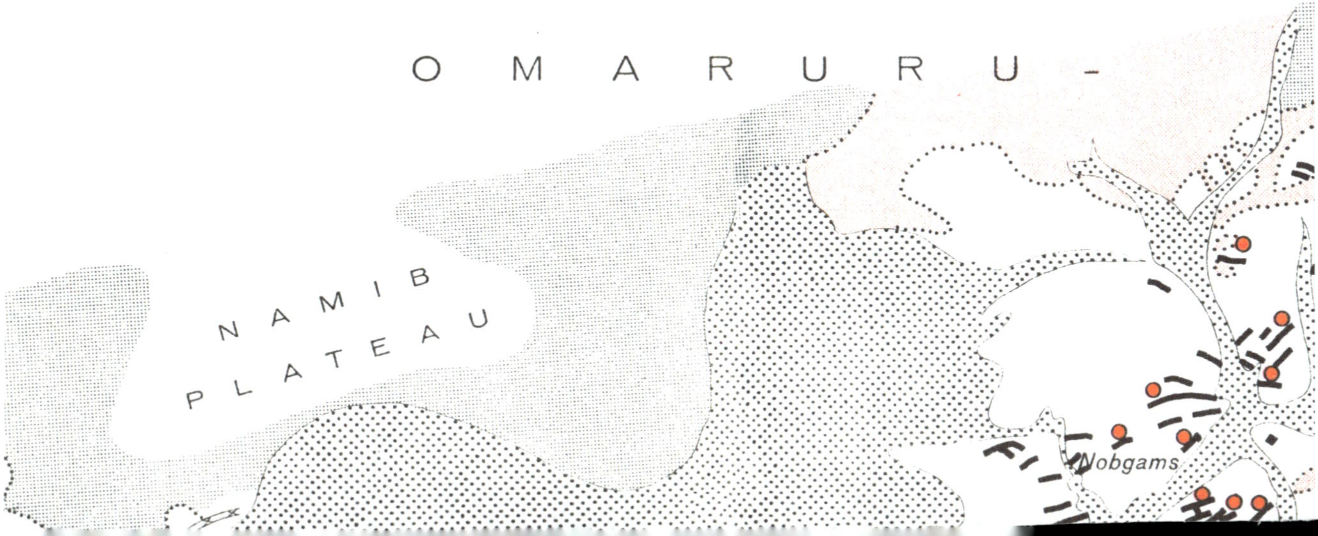
O M A R U R U -
N A M I B
P L A T E A U
Nobgams

DIE OMARURU-ZI

NACH GEV

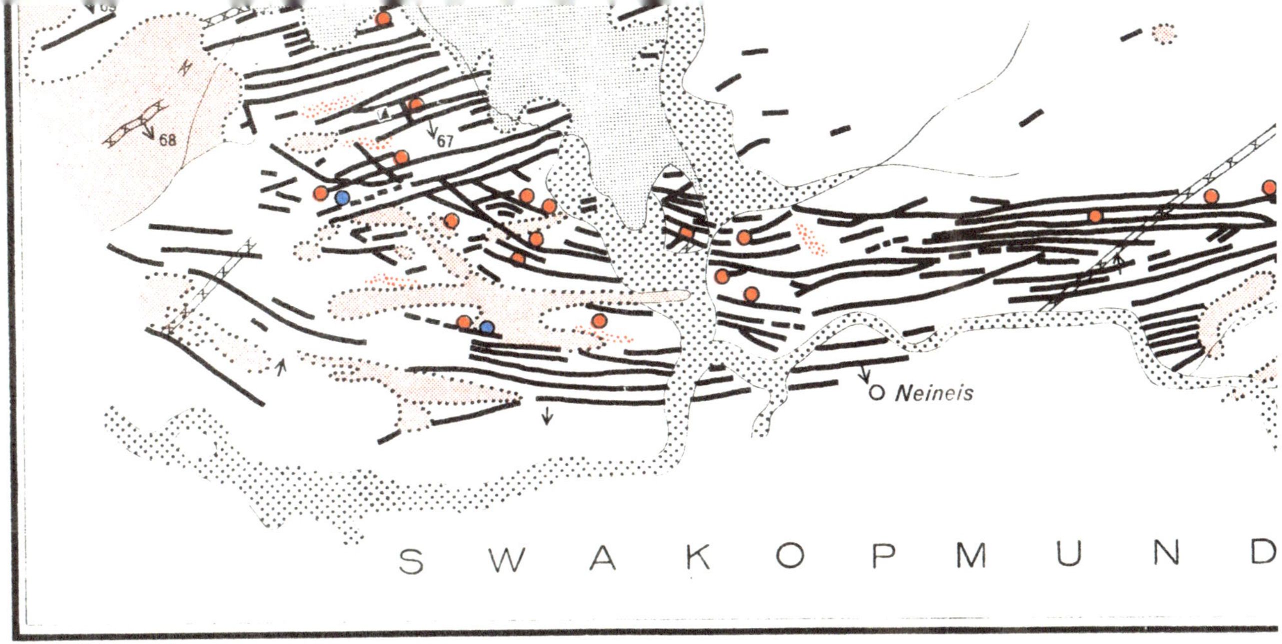

Verlag Walter de Gruyter & Co., Berlin W 35
Deko VII zu Burg, Minerallagerstätten von Deutsch Südwestafrika
Hergestellt im Reichsamt für Landesaufnahme, Berlin 1941

DIE KOMPANENO-TJIRUNDO ZINN-

NACH GEVERS U. A.

Verlag Walter de Gruyter & Co., Berlin W 35
Deko VII zu Bürg, Minerallagerstätten von Deutsch-Südwestafrika
Hergestellt im Reichsamt für Landesaufnahme, Berlin 1941

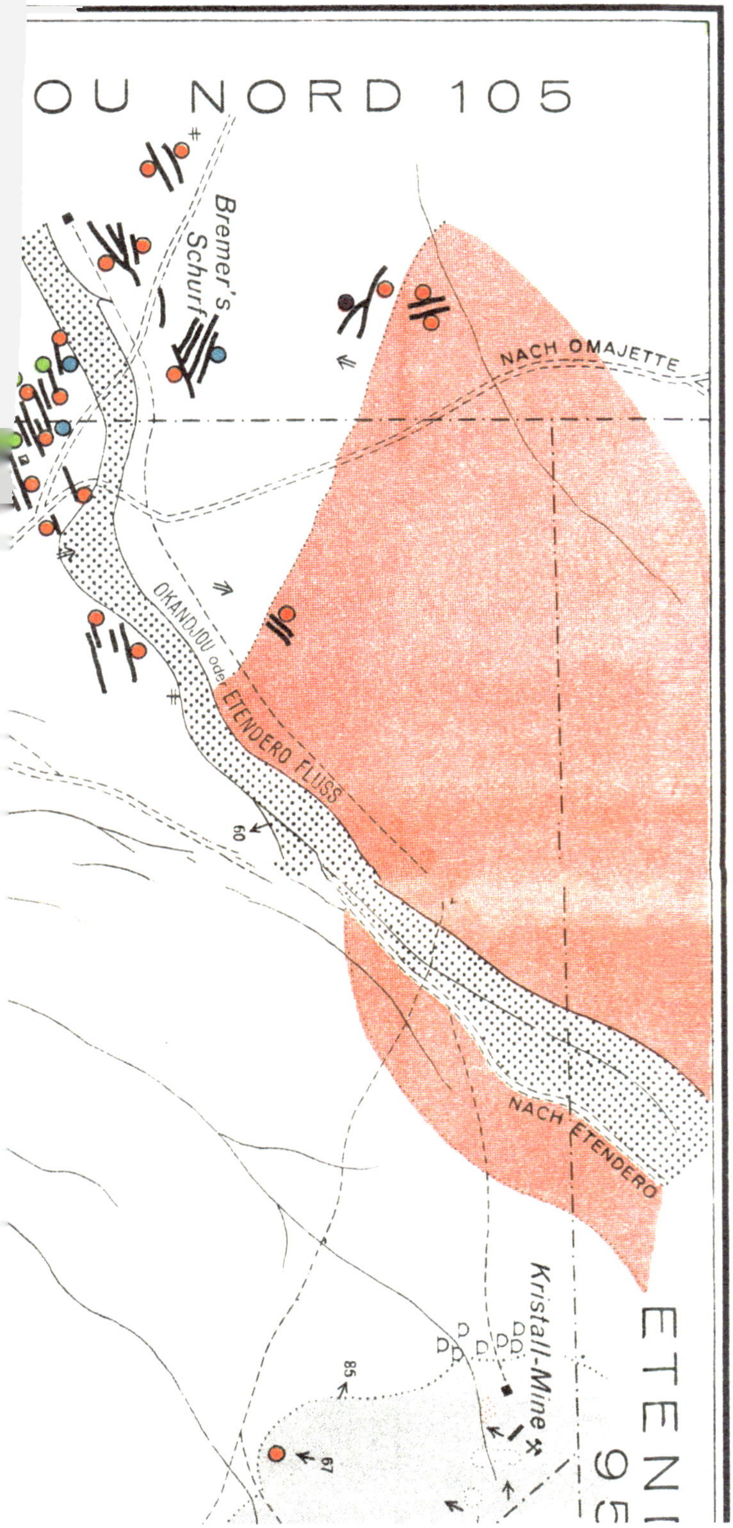
OU NORD 105
Bremer's Schurf
NACH OMAJETTE
OKANDJOU oder ETENDERO FLUSS
60
NACH ETENDERO
Kristall-Mine
85
67
ETEN
95

TJIRUNDO
SÜD
149
ENO
52
65
45
64
Konzessionsgrenzen
Einfallen
Steilgestellte Schichten
Senkrechte Schichten
Schacht
Fluß
Wege
Haus
einzelner Farmer
Grubenbetriebe
W.P. Windpumpen
Maßstab 1 : 50 000
0
1
2 km

VORKOMMEN

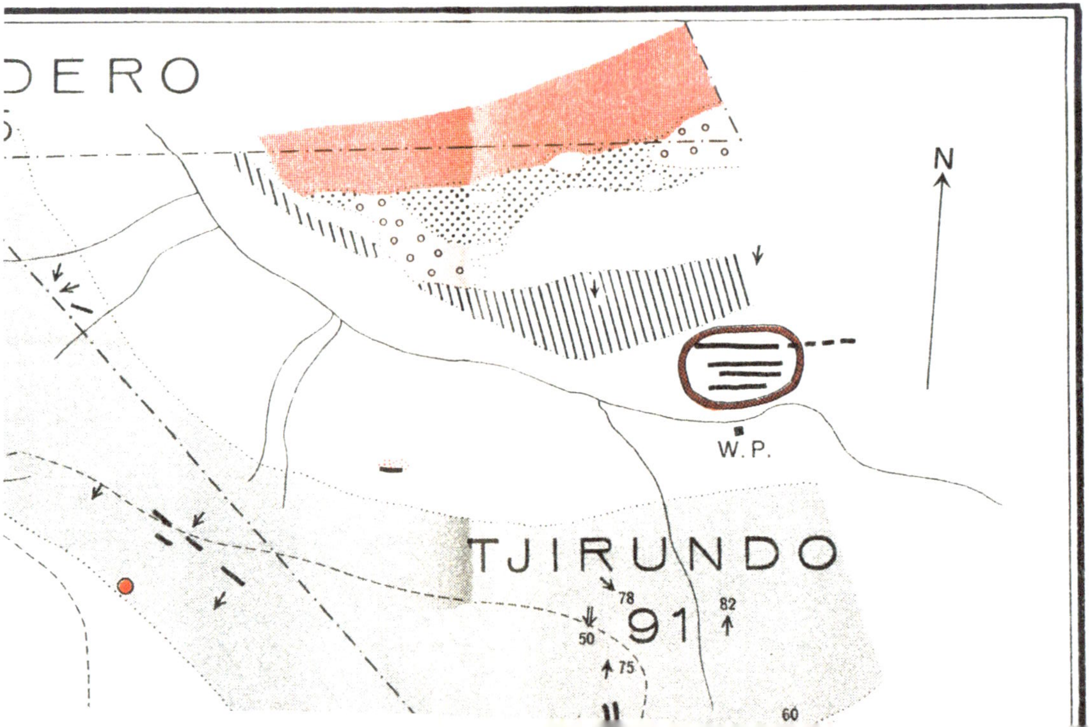

Zeichenerklärung

- Alluvium
- Diabasgänge
- Pegmatite
- Zinnpegmatite
- Wolframitpegmatite
- Lithiumpegmatite
- Pegmatite mit Turmalin
- Turmalinpegmatite
- Pegmatitischer Granit
- Aplitischer Granit
- Omaruru - Granit
- Quarzite und Kalke } Damara-system
- Kristalline Schiefer } Damara-system
- Marmor

DIE ZINN- UND WOLFRAMITVORKOMMEN D

Nach Gevers u. a.

Verlag Walter de Gruyter & Co., Berlin W 35
Deko VII zu Bürg, Minerallagerstätten von Deutsch-Südwestafrika
Hergestellt im Reichsamt für Landesaufnahme, Berlin 1941

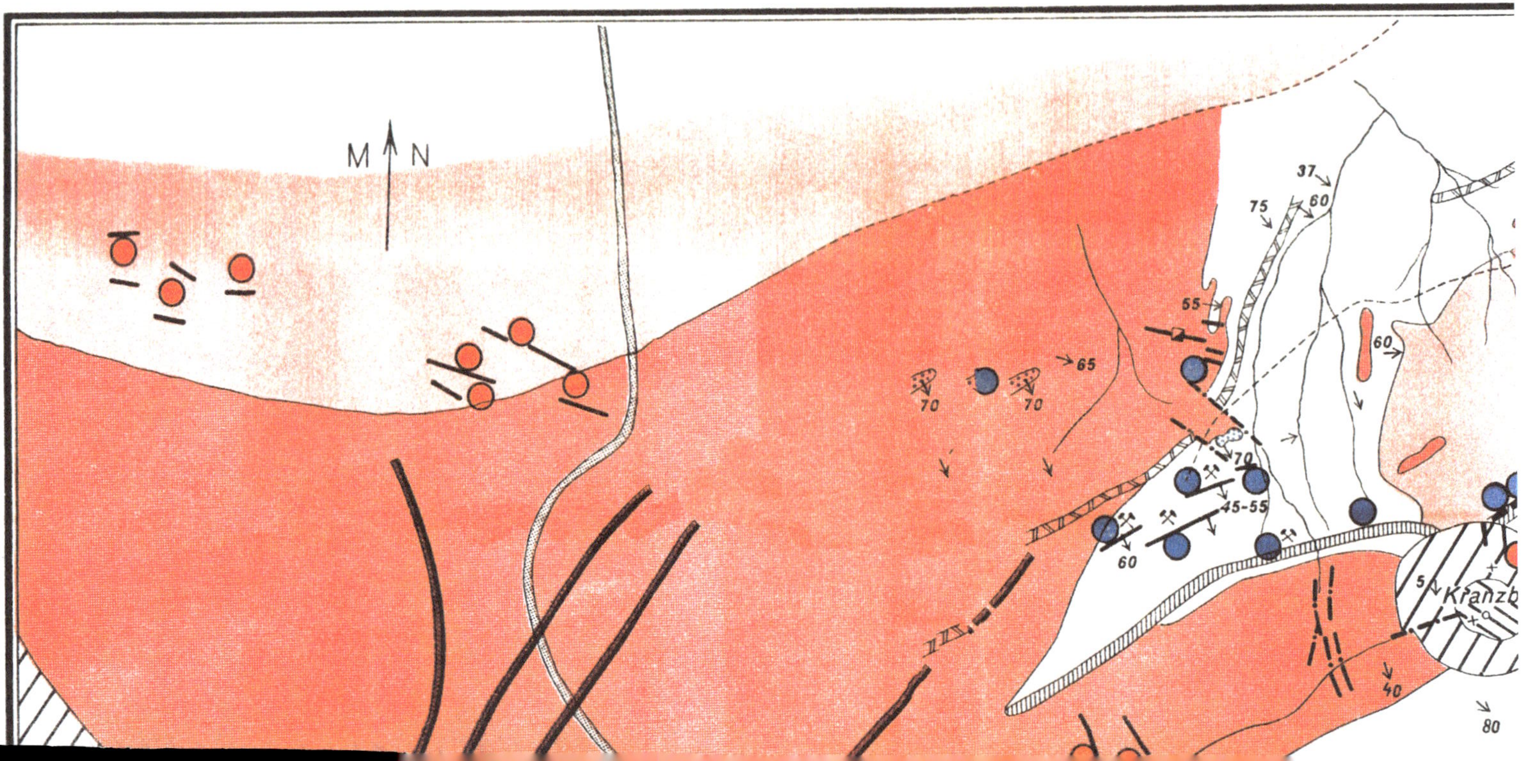
M
N
Kranzb
70
70
65
55
37
75
60
60
70
45-55
60
5
40
80

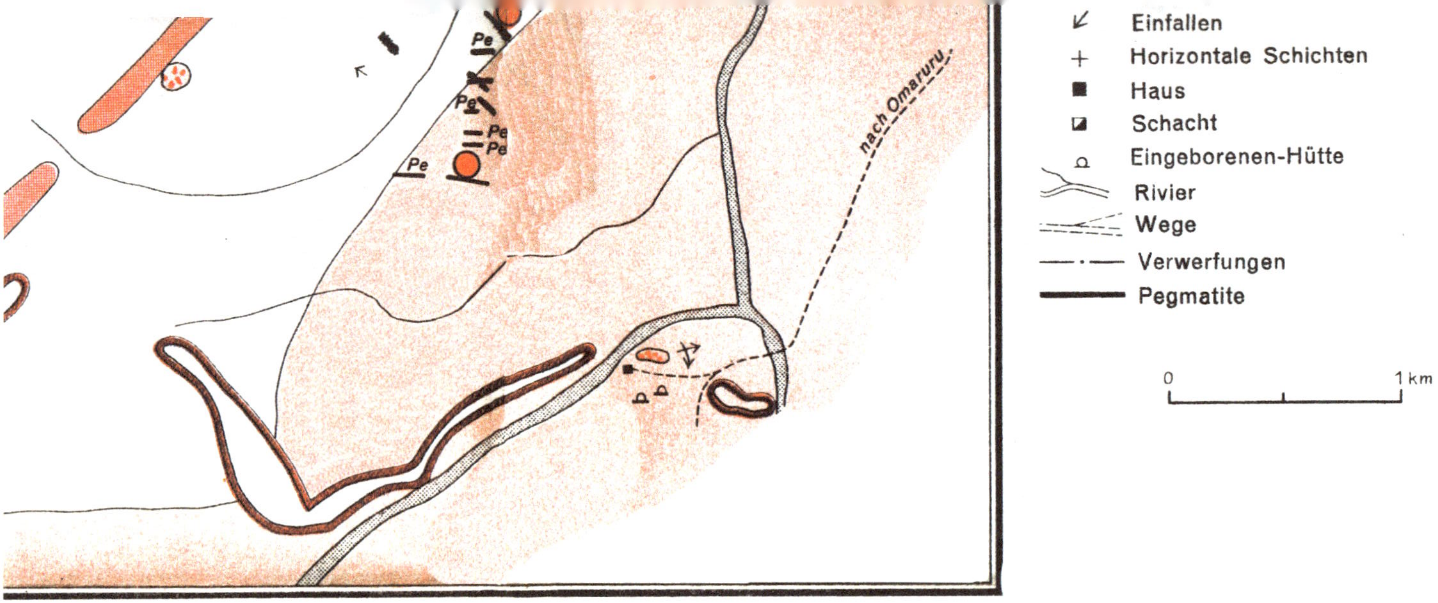

ES KRANZBERGES

Tafel VIII

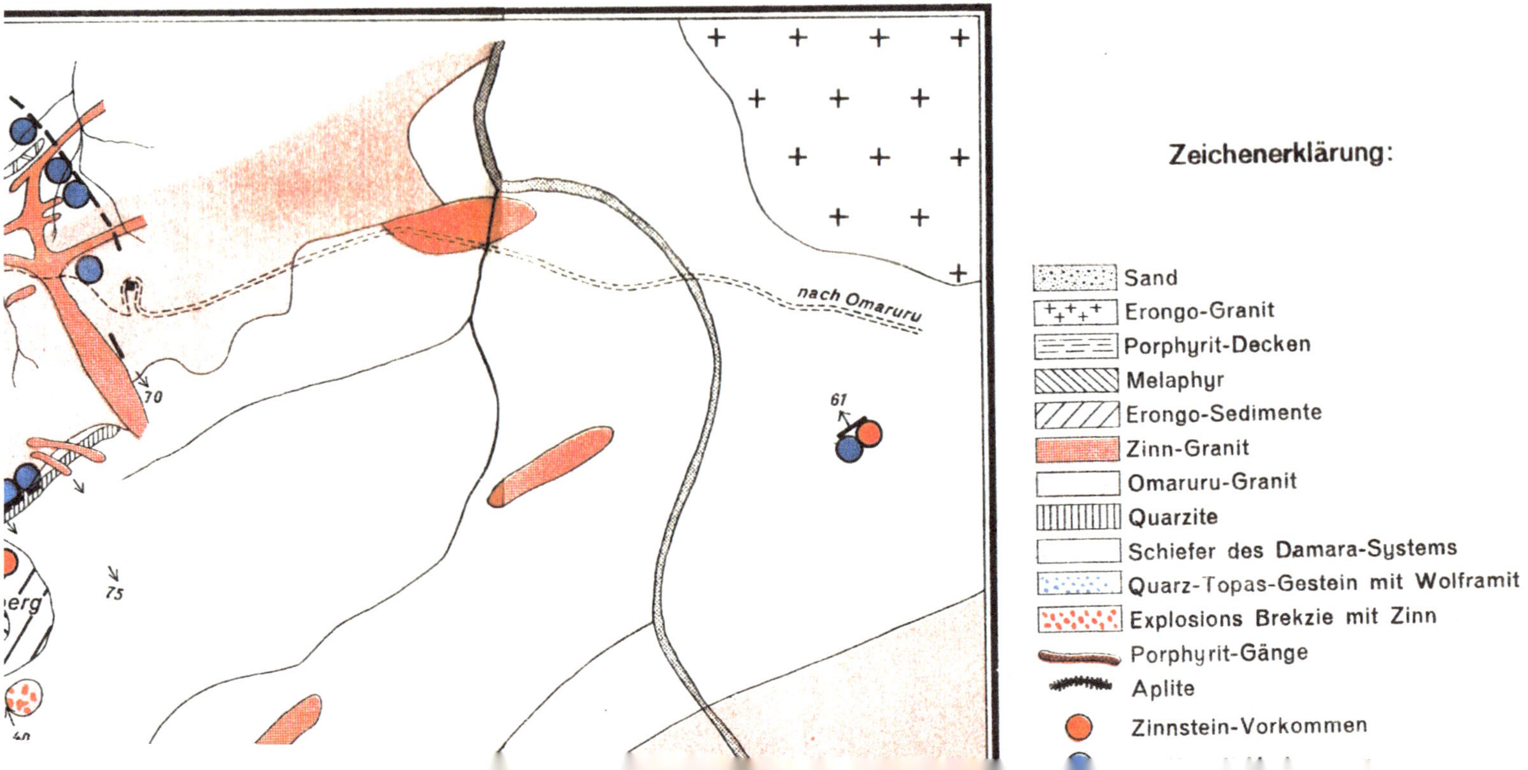
nach Omaruru
70
75
61
Zeichenerklärung:
Sand
Erongo-Granit
Porphyrit-Decken
Melaphyr
Erongo-Sedimente
Zinn-Granit
Omaruru-Granit
Quarzite
Schiefer des Damara-Systems
Quarz-Topas-Gestein mit Wolframit
Explosions Brekzie mit Zinn
Porphyrit-Gänge
Aplite
Zinnstein-Vorkommen

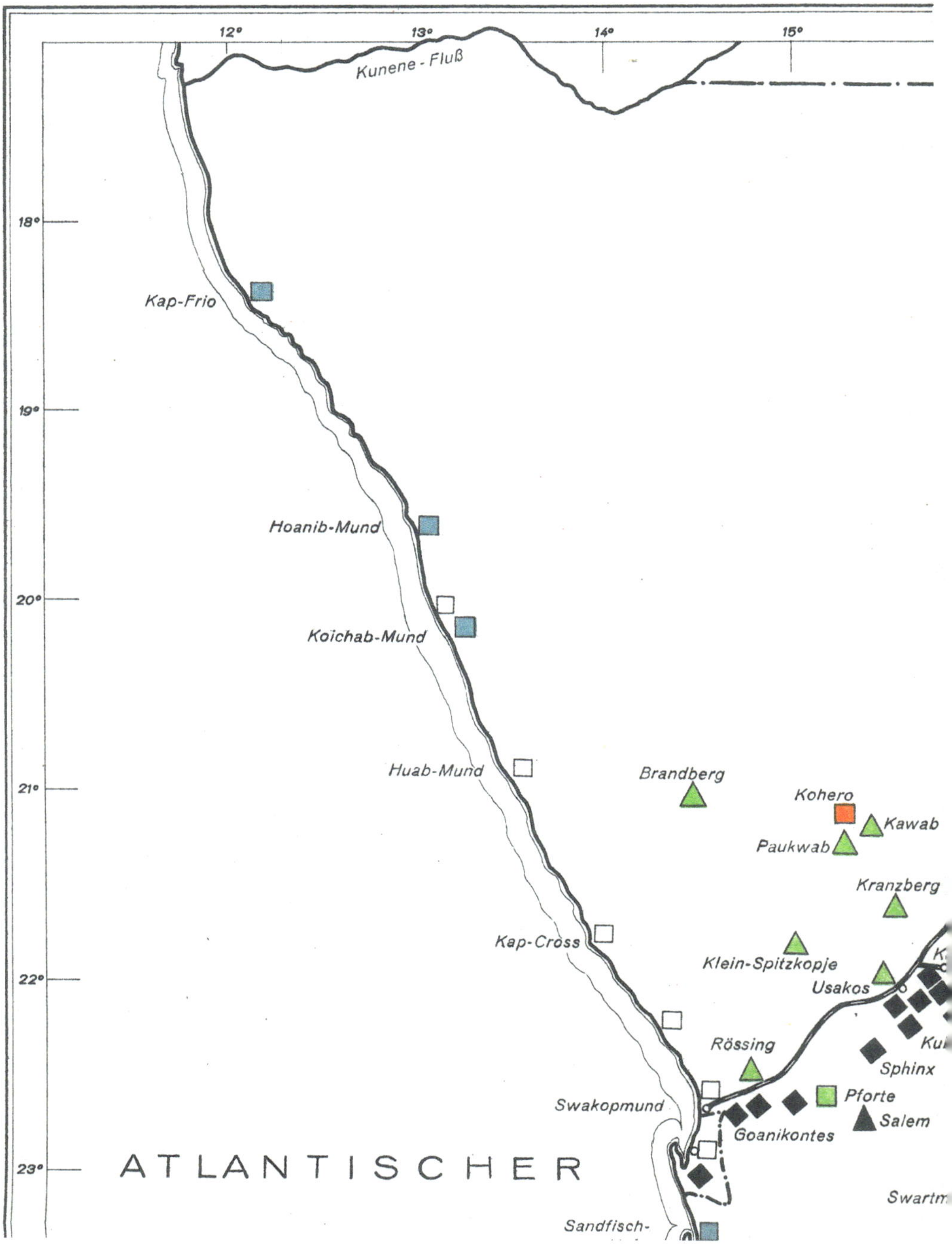
12°
13°
14°
15°
Kunene - Fluß
18°
Kap-Frio
19°
Hoanib-Mund
20°
Koichab-Mund
Huab-Mund
21°
Brandberg
Kohero
Kawab
Paukwab
Kranzberg
Kap-Cross
Klein-Spitzkopje
22°
Usakos
Rössing
Sphinx
Pforte
Salem
Swakopmund
Goanikontes
23°
ATLANTISCHER
Sandfisch-

Tafel X

17°
18°
19°
20°
21°
-Pfanne
Tsumeb
Grootfontein
Otavi
Okorusu
Otjiwarongo
19°
20°
21°
22°
23°
Omburo-Bge.
Ombutuso-Bge.
Nooitgedacht
Okahandja
Otjisongati
-Höhe
Gobabis
Windhuk
Gurumanas
Choaberib
Rehoboth

DIE MINERALLAGERSTÄTTE

(NIC

Verlag Walter de Gruyter & Co., Berlin W 35
Deko VII zu Bürg, Minerallagerstätten von Deutsch-Südwestafrika
Hergestellt im Reichsamt für Landesaufnahme, Berlin 1941

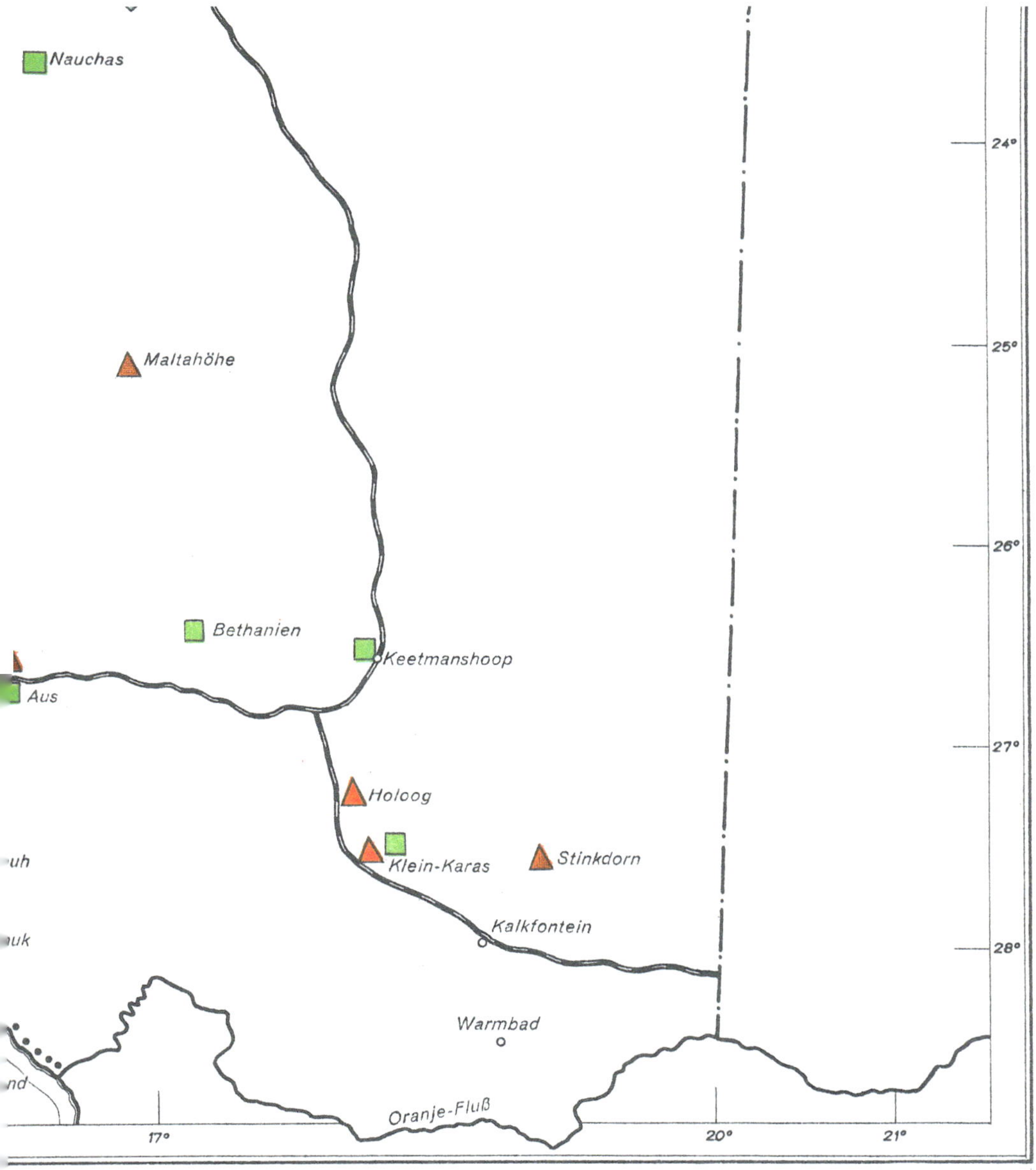

DEUTSCH-SÜDWESTAFRIKAS

ERZE)

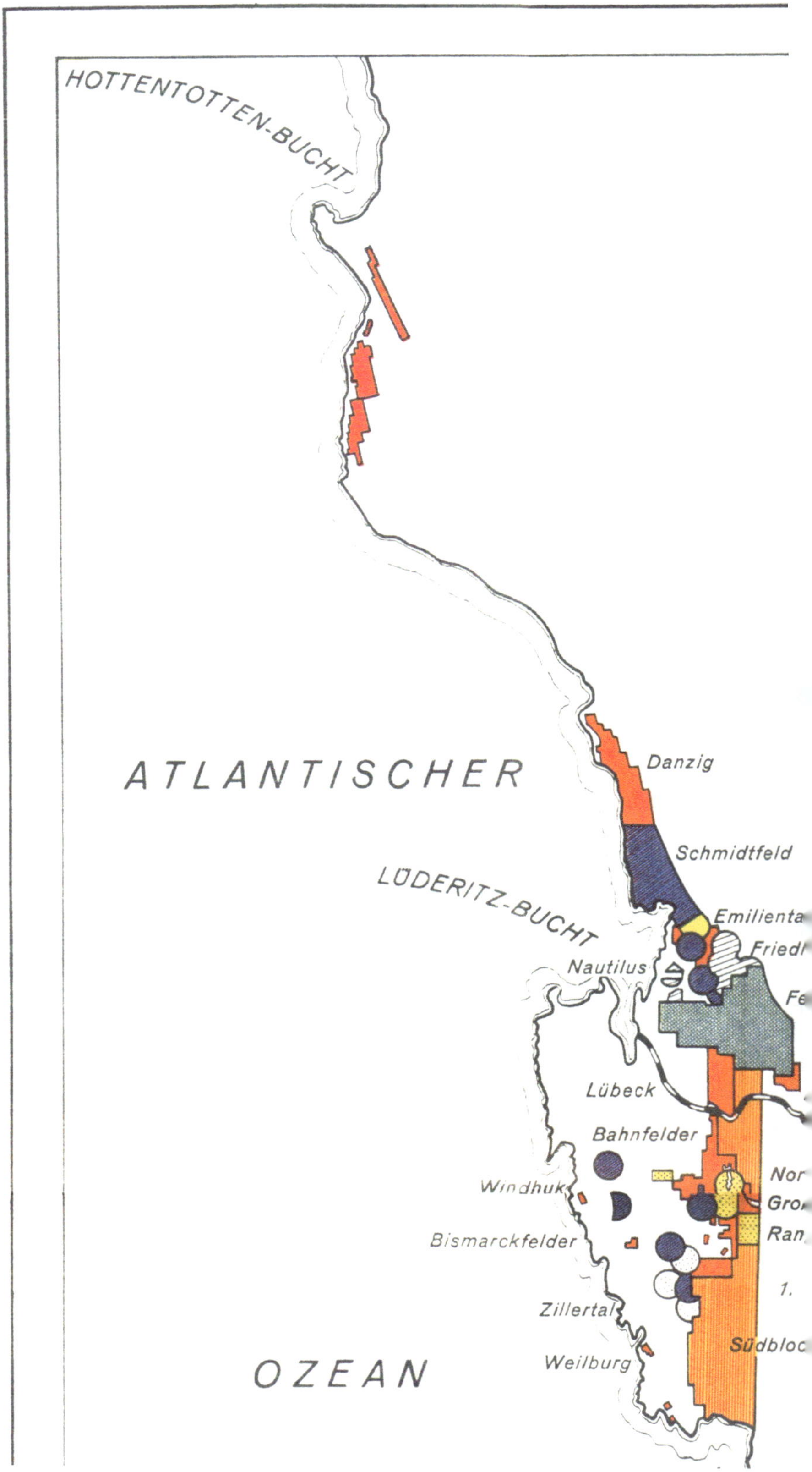
HOTTENTOTTEN-BUCHT
ATLANTISCHER
OZEAN
LÜDERITZ-BUCHT
Danzig
Schmidtfeld
Emilienta
Friedl
Nautilus
Fe
Lübeck
Bahnfelder
Windhuk
Bismarckfelder
Zillertal
Weilburg
Nor
Gro
Ran
1.
Südbloc

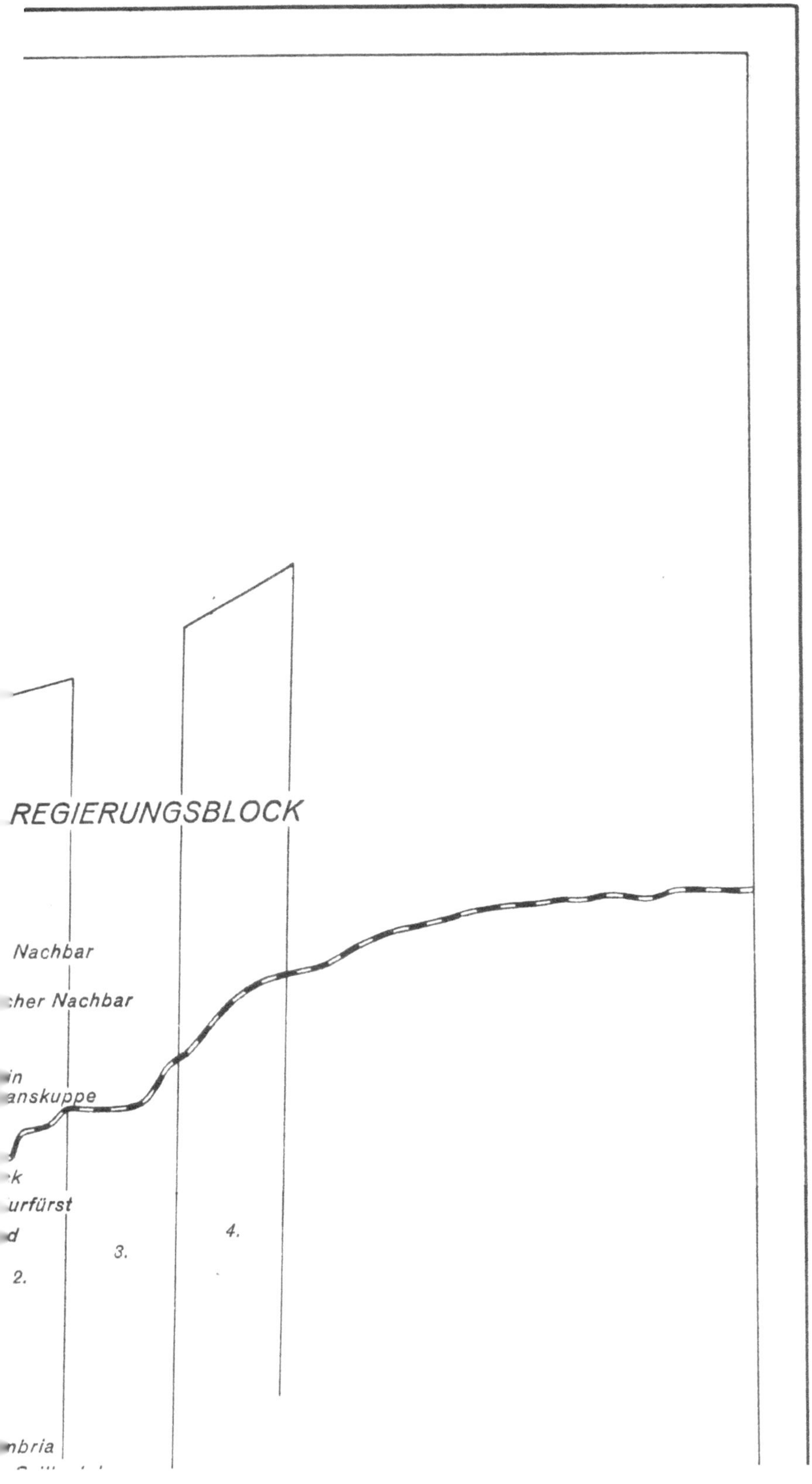
REGIERUNGSBLOCK
Nachbar
cher Nachbar
in
anskuppe
k
urfürst
d
2.
3.
4.
nbria

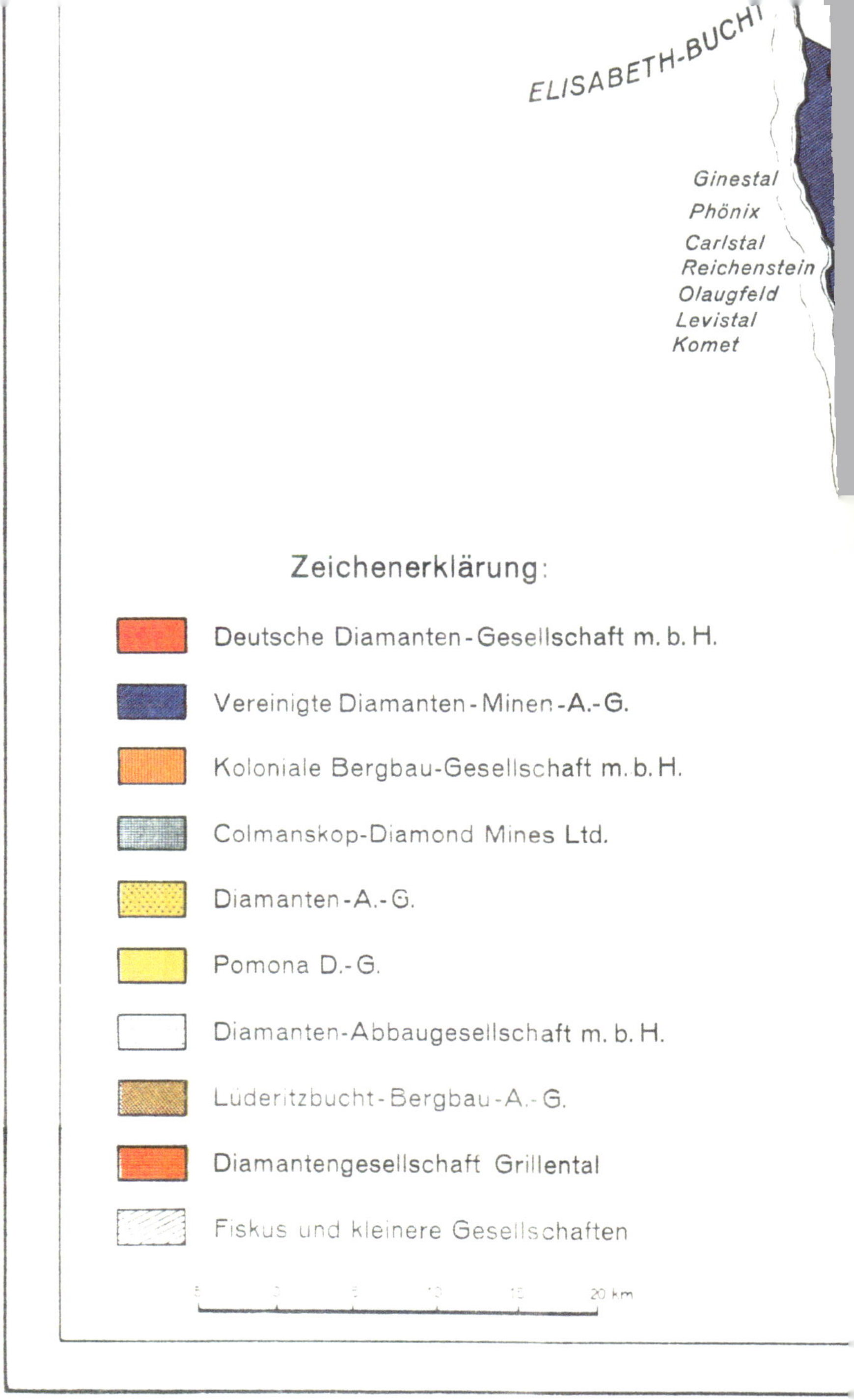

KARTE des DEUTSCH-SÜDWESTA

Verlag Walter de Gruyter & Co., Berlin W 35
Deko Vit zu Burg, Minerallagerstätten von Deutsch-Südwestafrika
Hergestellt im Reichsamt für Landesaufnahme. Berlin 1941

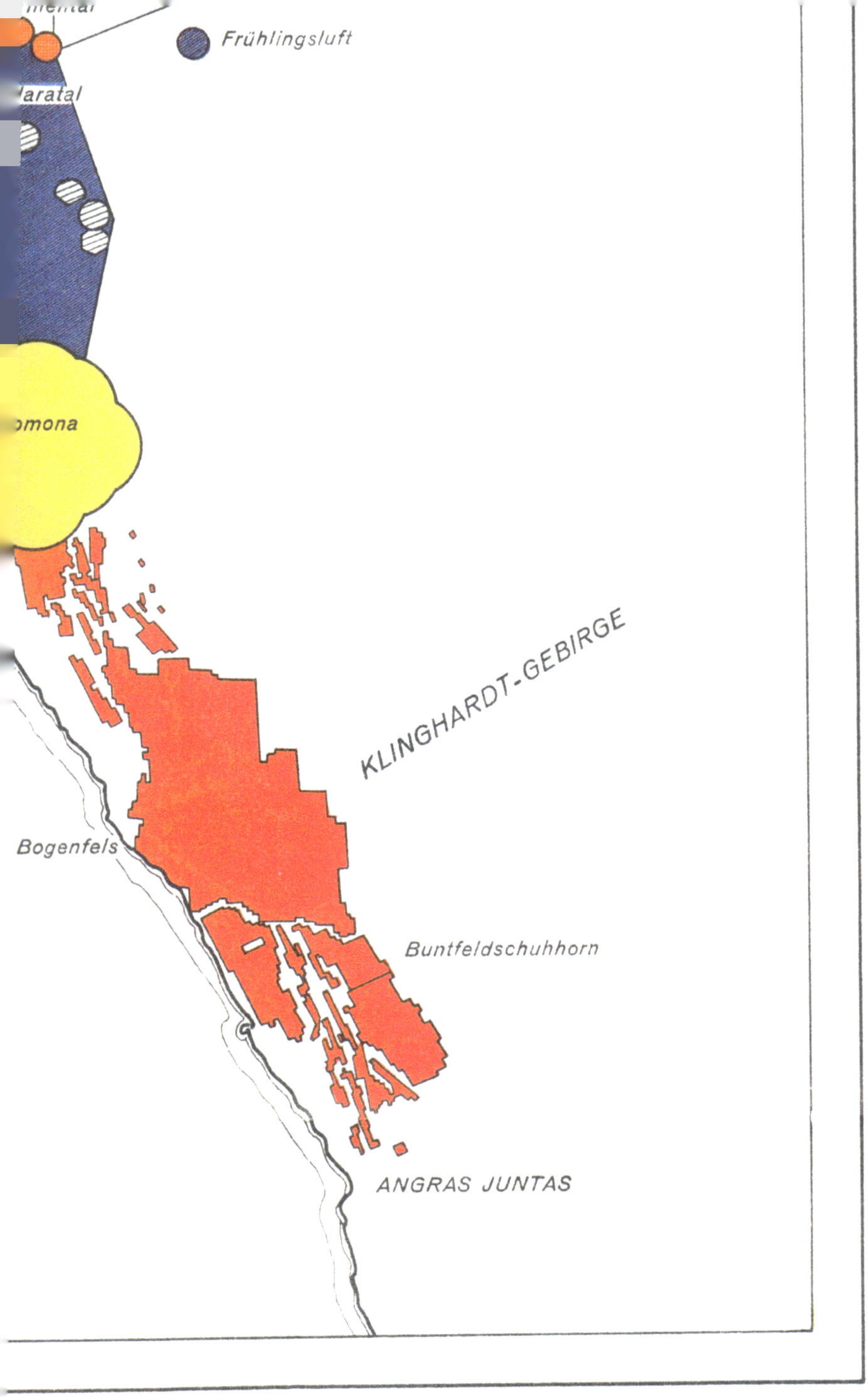

KANISCHEN DIAMANTENGEBIETES

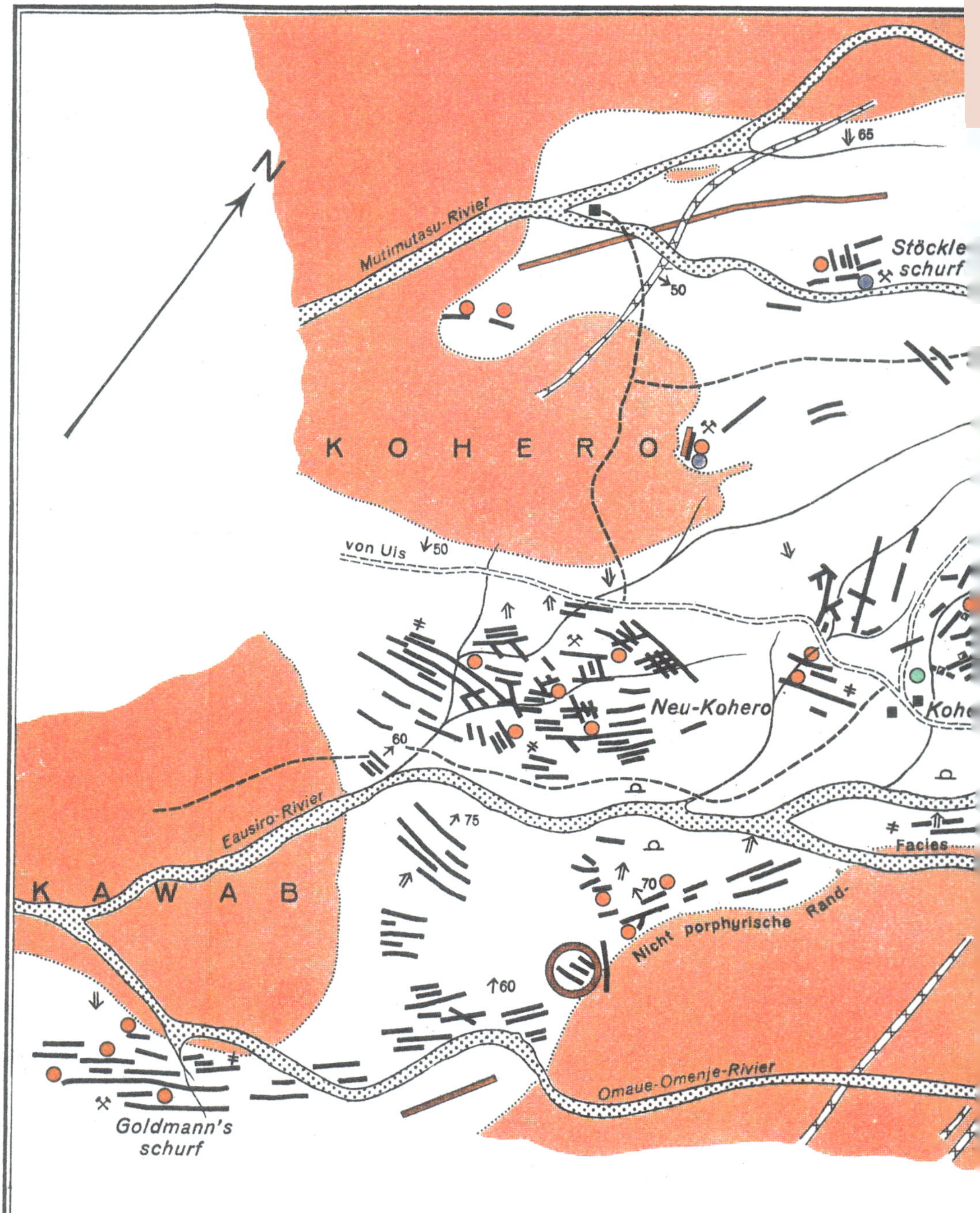

DIE ZINNVORKOMMEN VON KO

NACH GEVERS U. A.

Verlag Walter de Gruyter & Co., Berlin W 35
Deko VII zu Bürg, Minerallagerstätten von Deutsch-Südwestafrika
Hergestellt im Reichsamt für Landesaufnahme, Berlin 1941

Tafel VI

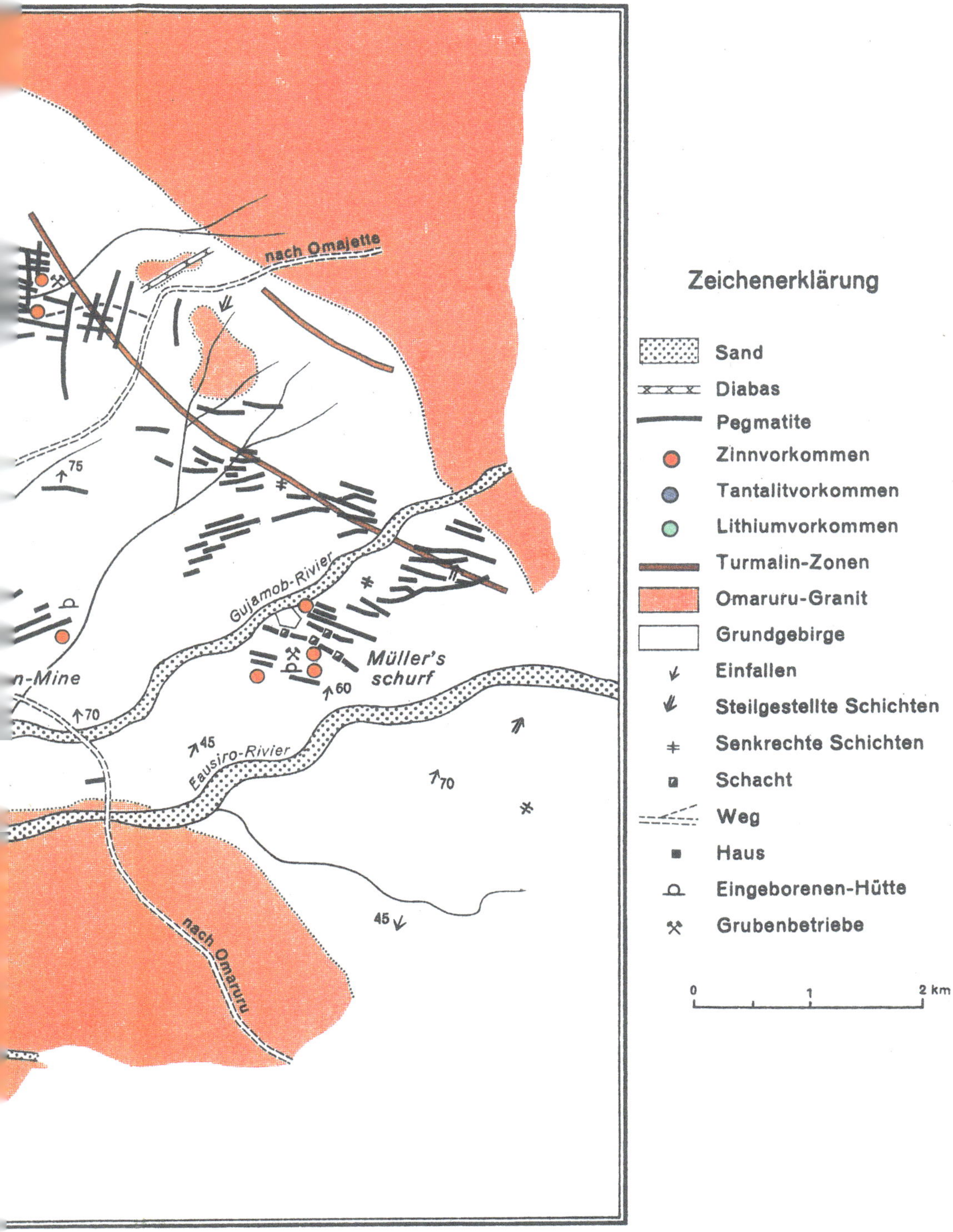

ERO-KAWAB

FSC
www.fsc.org
MIX
Papier | Fördert
gute Waldnutzung
FSC® C083411

Kolibri 360 GmbH
Ferdinand-Jühlke-Straße 7
99095 Erfurt, Deutschland
produktsicherheit@kolibri360.de